I0142353

El matrimonio es un viaje

Un plan de vuelo saludable para tu matrimonio

Segunda Impresion

Chuck y Mae Dettman

ISBN-10: 0983898782

ISBN-13: 978-0-9838987-8-8

Segunda Impresion

ISBN 13: 978-0-9838987-8-8

ISBN 10: 0983898782

1. El matrimonio religioso aspectos - el cristianismo. 2. Enseñanza- el matrimonio bíblico. 3. Relaciones. 4. Relaciones interpersonales religiosas aspectos - el cristianismo. 5. Manejo de conflictos aspectos - el cristianismo.

Este libro está disponible en grandes descuentos por cantidad para uso en iniciativas de matrimonio y se puede personalizar con el nombre y/o logotipo de la denominación. Para obtener más información, póngase en contacto con Sales@TheMarriage-Journey.com Este libro está también disponible en formato impreso.

Recursos adicionales, actualizaciones y material descargable están disponibles en www.themarriage-journey.com/free-downloads.html

Impreso en los Estados Unidos de América.o

Agradecimientos

Estamos profundamente agradecidos con aquéllos que nos han ayudado a lo largo de nuestros 45 años de vida matrimonial.

En primer lugar, agradecemos a nuestros padres, por darnos permiso para "despegar" a la edad de 19 años en el viaje de nuestro matrimonio, a pesar de que estaban convencidos de que no duraríamos ni 6 meses.

En segundo lugar, damos gracias a los muchos pastores con quienes pudimos servir, nos sentimos orgullosos de haber trabajado con ellos, lo cual nos permitió aprender y adquirir sabiduría, también, agradecemos las oportunidades que nos brindaron para ser mentores de parejas y liderar los ministerios de matrimonios en las diferentes iglesias, gracias por su consejo y apoyo, ustedes ha invertido en nuestro desarrollo.

Finalmente, un agradecimiento especial a nuestro editor de CreateSpace, Gregory S. Baker; nuestros asesores médicos, Celeste Li, MD y John Li, MD.; a Abel R. Sierra, Ph.D. por su traducción al español; y gran amigo David E. Pennington por su aporte humorístico. Todos ustedes son personas muy importantes que hicieron que el sueño de escribir este libro se convierta en realidad.

Nuestra meta y oración es que muchos matrimonios sean bendecidos, así como también las generaciones venideras, como resultado de los efectos que cada uno de ustedes han hecho en nuestras vidas.

Prefacio

¡Bienvenido a bordo!

"¡No les tengan miedo! Acuérdense del Señor, que es grande y temible, y peleen por sus hermanos, por sus hijos e hijas, y por sus esposas y sus hogares" (Nehemías 4:14)

A Nehemías se le asignó la tarea de reconstruir un muro derrumbado. Estaba desesperado, diciendo: "...*la ciudad donde están los sepulcros de mis padres se halla en ruinas, con sus puertas consumidas por el fuego"* (Nehemías 2:3). Esa es una descripción muy precisa de la familia estadounidense de hoy. Familias destruidas por la epidemia del divorcio; los jóvenes están cada vez más expuestos a los perjudiciales medios de comunicación que alimentan el fuego de las relaciones sexuales prematrimoniales, la drogadicción y el suicidio. ¡La pared (*matrimonio y unidad familiar*) se derrumba! El muro que se derrumbó puede ser restaurado, utilizando los planes de vuelo del libro: *El matrimonio es un viaje*.

Ponemos atención a casi todos los elementos de nuestro entorno (vehículos, casa, ropa, oficina, cuerpo, y más), pero descuidamos nuestros matrimonios. Considere esto, si nunca cambia el aceite en su vehículo, ¿qué sucede? se daña y dejara de funcionar. Cuando descuidamos el hogar; con el tiempo también se convierte en inhabitable. Nos bombardean con anuncios de estilos de vida saludables en los gimnasios, programas de dieta y productos farmacéuticos; todos tratando de convencernos de que "necesitamos su producto para mantener la salud". ¿Ve usted la misma filosofía aplicada a nuestros matrimonios?. Sin mantenimiento, ellos también se ponen enfermos. Nunca escuche un anuncio dirigido a construir un matrimonio sano, fuerte y duradero en los noticieros de la noche, durante la hora de máxima audiencia de televisión o como patrocinador de un evento deportivo importante. ¿Por qué?. Lo más probable, tomamos por sentado el matrimonio; y nadie ha encontrado la manera de sacar provecho o dinero de los matrimonios sanos. Hay más dinero que se ganara en los divorcios. Los abogados, los contadores y los subastadores se benefician de los divorcios. Nadie gana ni un centavo si usted está felizmente casado.

Los matrimonios y las relaciones se parecen mucho a tomar un vuelo a través del país. Antes de abordar su avión, ¡realmente no se sabe cómo va ser su vuelo!. ¡Ni siquiera el piloto lo sabe!. Todos ASUMIMOS que será un vuelo suave, y damos por sentado que vamos a aterrizar con seguridad. Como cualquier vuelo, los matrimonios pueden comenzar suavemente y estar libres de turbulencias, pero a veces, la turbulencia o desafíos inesperados pueden suceder en cualquier momento. Es importante recordar, que si surge alguna turbulencia o situación, de todas maneras, todos queremos llegar a nuestro destino.

Dios es el autor del plan de vuelo ideal (la Biblia). Corresponde a los copilotos (marido y mujer) seguirla. Si se desvían, terminaran en problemas con las autoridades, vagaran en el mal tiempo, o se quedaran sin combustible. Usted no tiene control sobre su destino; todo está en las manos del piloto. Mientras que Dios nos da libre albedrío o libre elección, ya que PODEMOS escoger desviarnos del plan de vuelo ideal. Él es el gran ojo en el cielo, el controlador de tránsito aéreo que puede ver donde están los demás aviones, donde están las tormentas, y entonces velar por su alrededor.

Con el fin de abordar el avión, la tripulación debe tener todas las habilidades necesarias y mucho conocimiento. El capitán terminara su chequeo antes del vuelo, presentara su plan de vuelo, el equipaje estará debidamente en su lugar, se verificara que el tiempo es aceptable, y después daran el permiso a los pasajeros para embarcar. La tripulación comprueba y vuelve a comprobar la comodidad y la seguridad de los pasajeros. El despegue requiere de una máxima aceleración, (planificación, preparación y mantenimiento), la altitud correcta, la actitud y la velocidad. Como en la mayoría de los vuelos, necesitamos herramientas de navegación, prácticas de seguridad y procedimientos de vuelo adecuados para tener matrimonios sanos. Uno de los objetivos del libro *El Matrimonio es un viaje* es proporcionar ayuda para "levantar" a los matrimonios a la mayor y más segura "altitud" posible. Nunca anticipamos un aterrizaje forzoso, pero sin una guía adecuada y un control cuidadoso, el vuelo puede fácilmente llegar a ser muy desastroso. Debemos buscar a Dios como al levantador y piloto, elementos claves para el vuelo. Habilidades en las comunicaciones, la resolución de conflictos, la administración de las finanzas, el estudio bíblico y más, son algunos de los equipos para ayudarle a mantener una gran vuelo (matrimonio prospero y feliz).

A menudo, Chuck y Mae abren sus sesiones de tutoría describiendo al matrimonio como algo similar a la preparación de un vuelo largo. El vuelo debe tener al avión en buenas condiciones mecánicas, y dos pilotos (Dios más el marido y la mujer como co-pilotos) que cooperan entre sí para seguir al mejor plan de vuelo presentado para ellos. Tienen que seguir sus listas de control, los procedimientos de emergencia, estar preparados para el mal tiempo y situaciones de emergencia que Satanás les depara.

El propósito de *El matrimonio es un viaje* es para compartir los patrones de vuelo y crear un matrimonio fuerte, saludable y duradero. Nos gusta llamarlo el gran vuelo intercontinental. Está diseñado para parejas de cualquier edad o etapa en su relación. Usted puede convertir un buen matrimonio en uno grandioso, encontrar la esperanza en una lucha por uno, o tener un gran matrimonio a un nivel profundo y apasionado.

Un gran recurso son nuestras Tarjetas de Navegación. Estas tarjetas pueden ser utilizadas y sirven como "puntos de chequeo" durante la navegación, muy similar a como se verifica la ruta con los puntos de control en los centros de control de vuelo. En cada capítulo se define un nuevo concepto relacionado al matrimonio. Este concepto tiene la intención de provocar debate, crear nuevos pensamientos y fortalecer a la pareja. Las tarjetas de navegación ayudan a las parejas a saber dónde están de acuerdo y les revela la fortaleza a su matrimonio; pero otras veces descubrirá un área donde tendrá una oportunidad para crecer. A esto le llamamos "un ajuste de trayectoria de vuelo". Así, la pareja puede experimentar más alegría y una mejor comprensión a su cónyuge mediante el uso de un simple conjunto de tarjetas (guías de vuelo). (Más información sobre cómo obtener y utilizar las tarjetas de navegación se presentan en el Capítulo 18)

¡Bienvenido a bordo!. Siéntese y disfrute su vuelo.

Recursos recomendados

Olson, David H. L., and Amy K. Olson. *Empowering Couples: Building on Your Strengths*. Minneapolis, MN: Life Innovations, 2000.

Stoop, David A., and Jan Stoop. The Complete Marriage Book: Collected Wisdom from Leading Marriage Experts. Grand Rapids, MI: F.H. Revell, 2002.

Contenidos

Recursos adicionales, actualizaciones y material descargable está disponible en www.themarriage-journey/resources

Comentarios de Lideres

Chuck y Mae han escrito un gran libro para ayudar a que su matrimonio despegue mucho antes de correr por la pista. El libro *El matrimonio es un viaje* le animará a hacer las cosas a la manera de Dios para que pueda experimentar la alegría más grande en colaboración y unidad con su pareja. Sé que hará que vayan juntos en la dirección correcta hacia un futuro brillante.

Dr. Tom Mullins
Pastor fundador de la iglesia Christ Fellowship

Viajar con Dettman en El m*atrimonio es un viaje* será inolvidable. Usando la analogía de los viajes en avión que Dettman ha utilizado en el libro, el viaje ayudara a que las parejas exploren nuevos territorios y hagan descubrimientos sorprendentes. Para tener éxito, el matrimonio requiere de un plan de vuelo claro para evitar las tormentas eléctricas y tener un viaje más satisfactorio. Utilizando las Tarjetas de Navegación, las parejas pueden descubrir la mejor dirección para volar y hacer frente a las turbulencias inesperadas. Como piloto y co-piloto, las parejas tienen que trabajar en equipo para hacer que el vuelo sea lo más agradable posible tanto para ellos como para sus acompañantes. El viaje ayudara a las parejas a tener un viaje agradable y apreciar la belleza de los cielos. ¡Disfrute del vuelo!.

David H. Olson, Ph.D.
*Profesor emérito de la Universidad de Minnesota
y fundador de PREPARE/ENRICH*

El m*atrimonio es un viaje* provee ayuda útil a la navegación que usted pueda necesitar en los momentos tormentosos de su viaje. El tema aeronáutico da una perspectiva edificante a la turbulencia experimentada a menudo en el matrimonio. Los revisiones antes del viaje, planes de vuelo, y demás hacen una lectura fácil, además de ofrecer un enfoque fresco y sin nubes para ayudarle a construir un matrimonio sólido y amigable.

Claudia y David Arp, MSW
Los oradores y autores de "10 Citas Grandiosas: Conectando la fe, el amor y el matrimonio"
(10Greatdates.org)

Capítulo 1

Nuestra Unión con Cristo
Dios el piloto, Nosotros los co-pilotos

El apóstol Juan escribe: *"*Queridos hermanos, ya que Dios nos ha amado así, también nosotros debemos amarnos los unos a los otros. Nadie ha visto jamás a Dios, pero si nos amamos los unos a los otros, Dios permanece entre nosotros, y entre nosotros su amor se ha manifestado plenamente.*"* (1 Juan 4:11-12). Con el fin de experimentar un verdadero sentido de cercanía en el matrimonio, es vital que entendamos el corazón del mensaje evangélico: nos hemos convertido en uno en Cristo. La noche antes de su crucifixión, Jesús trató de persuadir a sus discípulos aprensivos e indefensos con la promesa que revela el Evangelio. Él les dijo: *"En aquel día ustedes se darán cuenta de que yo estoy en mi Padre, y ustedes en mí, y yo en ustedes"* (Juan 14:20).

El desarrollo de un matrimonio saludable comienza con la promesa de desarrollarse en una unión fundamentada en Dios por medio de Jesucristo. Sin esta concordancia básica de voluntad indisoluble, el matrimonio no prosperará.

La promesa

Importante es tener en cuenta el marco en el que la pareja se comprometió antes de determinar el significado exacto de nuestra unión en Cristo. Los discípulos creían que Jesús era el rey de los judíos y el Mesías de Israel. Lo siguieron durante unos tres años. Y así como muchos de nosotros, creían que al servir con Él adquirirían un valor personal. Esperaban el día en que Jesús establecería Su reino en la tierra para recibir sus premios (prestigio, dinero y poder) por reinar con Él. El haber dejado sus medios terrenales de seguridad e importancia, ya no les preocupaba tanto, porque Jesús había creado Su reino.

Juan 14:20 habla acerca de la promesa que Jesús hizo a sus discípulos con respecto a su unión con Él . La declaración de Jesús: *"Yo estoy en mi Padre,"* se refiere a que Él es uno con el Padre. Esta es la afirmación de Jesús que separa el verdadero cristianismo de todas las demás religiones del mundo. Jesús no pretende ser otro maestro o profeta de Israel, afirmó ser Dios mismo. Estar "en mi Padre," se refiere a que el Padre es también de Jesús, ya que son uno en esencia.

El pensamiento de nuestra unión con Cristo no viene simplemente de esta promesa de Jesús. La Biblia revela la misma verdad a través de *figuras e historias.* Como la vid y sus ramas son uno, también lo son los creyentes en Cristo. Pablo usa tres comparaciones diferentes en sus cartas para expresar la misma promesa. Los creyentes son uno en Cristo, como la estructura y su cimentación son solo uno (Efesios 2:20-22), como marido y mujer serán una sola carne (Efesios 5:31-32), y *como la cabeza y el cuerpo son* uno (Efesios 1:22-23). El uso frecuente de las frases *"en Cristo", "en El"* o *"en Quien"* en el Nuevo Testamento reflejan la promesa básica de que los creyentes están en una unión vital con Jesucristo. Es a partir de esta unión que el creyente tiene grandes beneficios de valor personal.

La frecuente uso de todas las frases en el Nuevo Testamento reflejan la promesa básica de que los creyentes están en una unión vital en Jesucristo.

Los beneficios

El deleite mas gozoso, el logro, y la bendición sólo son posibles cuando una pareja se une con Dios y en el mismo camino espiritual con los demás. Desde la promesa de que Jesús es la verdad, podemos empezar a apreciar los increíbles beneficios especiales de nuestra unión en Él, y recordarnos a nosotros mismos que lo que es verdad de Jesús es verdad de nosotros también. *¿Estaba Jesús seguro del amor de Dios?.* Sin lugar a dudas El estaba, y nosotros también. *¿Fue Jesús significativo en el plan de Dios?* Incuestionablemente Él era y **nosotros también**.

Al comenzar a identificar y aceptar nuestra unión en Cristo como verdadera, entramos en la plenitud del Evangelio de Jesucristo en nuestra vida cotidiana. Debido a que somos uno en Cristo (estamos en Él y Él está en nosotros), nos dice que somos amados incondicionalmente (Efesios 2:1-10), totalmente aceptados (Efesios 1:3-6), siempre perdonados (Colosenses 2 :9-15), importantes como embajadores (2 Corintios 5:17-21), valiosos en el ministerio (Juan 14:12) y empoderados para hacer (Filipenses 4:13). En resumen, nuestra unión en Cristo satisface todas nuestras necesidades personales para hacernos *dignos porque Él es digno.*

Amado incondicionalmente (Efesios 2:1-10)	Totalmente aceptado (Efesios 1:3-6)
Siempre perdonado (Colosenses 2:9-15)	Importante como embajadores (2 Corintios 5:17-21)
Valisos en el ministerio (Juan 14:12)	Empoderado para hacer (Filipenses 4:13)

La Fe

Antes de ser lo suficientemente maduros como para imaginar que hay un Dios en absoluto, *hemos sido entrenados para confiar en nosotros mismos, los demás y nuestras situaciones para hacernos valiosos* Así como los niños pequeños, aprendemos a confiar en nuestro propio desempeño para hacernos notar en esta vida. También aprendemos a *depender de la aprobación de otras personas* que nos digan que somos amados y, por lo tanto, nos sentirnos seguros. Estas tempranas experiencias de aprendizaje hacen que sea muy difícil de crecer después, sin embargo, es solamente Jesús quien nos da la seguridad, fortaleza y confianza que necesitamos.

Como adultos confrontamos el mismo tipo de batalla cada día . Cuando nosotros pedimos sinceramente ser valiosos e importantes nos encontramos con que estamos entrenados desde que nacemos a confiar en todo y con todos, pero no en Jesús. Por otra parte, en nuestra forma natural, Jesús tampoco tiene sentido para nosotros.

Por ejemplo, supongamos que heredé una gran suma de dinero. El dinero que recibí generaria una falsa sensación de seguridad. Cuando la gente comienza a decir que me "ama", que me "acepta", y que ellos me "perdonan" cualquier delito que cometi. Del mismo modo, podría desarrollar un *sentido artificial* de valer cuando disfrute de una nueva lógica de "importancia", "objetivo", y "supremacía" en mi dinero. Todo estaria condicionado al sistema de valores de este mundo que dice que ahora "valgo" millones de dólares. Confiando en Jesús, más que en el dinero para valer, sería mucho más fácil *decir* que *hacer.*

Solo *la unión en Cristo a través de nuestra fe en Él,* creará el sano sentido del valor individual. La realidad en lo que a Dios se refiere, sólo los que están "en Cristo" o son "uno con Cristo" tienen algún valor real como personas. *En Cristo, tenemos todo lo necesario para valer y estar seguros.* Separados de Cristo, no tenemos nada. Lo único que queda para nosotros es la fe. Es decir, tenemos que escoger apoyar a nuestro valer cada día en nuestra unión con Cristo. *"Porque por gracia ustedes han sido salvados mediante la fe; esto no procede de ustedes, sino que es el regalo de Dios, no por obras, para que nadie se jacte"* (Efesios 2:8-9).

Desarrolle su relación personal con Jesucristo - *¿Conoce usted a su piloto?*

1) Nuestro pecado nos separa de Dios y la relación que Él desea con nosotros

Dios le ama y tiene un plan grandioso para su matrimonio. Sin embargo, todos tenemos el dilema del pecado en nuestras vidas. Todos estamos separados de Dios por nuestros pecados. A través de nuestros propios esfuerzos, no podemos identificar y conocer el amor de Dios y Su plan para nuestro matrimonio. *"Por cuanto todos pecaron, y están destituidos de la gloria de Dios"* (Romanos 3:23).

"Son tus pecados que te han separado de Dios ..." (Isaías 59:2a).

"Porque cualquiera que guardare toda la ley, pero ofendiere en un punto, se hace culpable de todos de la misma" (Santiago 2:10).

"Porque la paga del pecado es muerte, mas la dádiva de Dios es vida eterna en Cristo Jesús Señor nuestro" (Romanos 6:23).

2) Jesús murió por nuestros pecados

*"Todos nosotros como ovejas, nos hemos ido por mal camino, cada cual **se apartó por su camino**: mas Jehová cargó en él el pecado de todos nosotros"* (Isaías 53:6).

"Dios (Jesús) que no conoció pecado, por nosotros lo hizo pecado, para que en él recibiéramos la justicia de Dios" (2ª Corintios 5:21).

"Mas Dios muestra su amor para con nosotros, en que siendo aún pecadores, Cristo murió por nosotros" (Romanos 5:8).

3) Jesús es el único camino para llegar a Dios

"Jesús le dijo: Yo soy el camino, la verdad y la vida, nadie

viene al Padre, sino por mí" (Juan 14:6).

4) Debemos confesar nuestros pecados a Dios y entre sí

"Confesaos vuestras ofensas unos a otros, y orad unos por otros para que seáis sanados. La oración del justo es poderosa y eficaz" (Santiago 5:16).

"Si confesamos nuestros pecados, él es fiel y justo para perdonar nuestros pecados, y limpiarnos de toda maldad" (1 Juan 1:9).

"Mas a todos los que le recibieron, a los que creen en su nombre, les dio potestad de ser hechos hijos de Dios" (Juan 1:12).

"¡Aquí estoy! Yo estoy a la puerta y llamo. Si alguno oye mi voz y abre la puerta, entraré, y cenaré con él, y él conmigo" (Apocalipsis 3:20).

5) La Biblia asegura la vida eterna a todos los individuos que aceptan a Cristo como su Señor y Salvador

"Dios nos ha dado vida eterna y esta vida está en el Hijo. El que tiene al Hijo, tiene la vida: el que no tiene al Hijo de Dios no tiene la vida. Les escribo estas cosas a ustedes que creen en el nombre del Hijo de Dios, para que sepáis que tenéis vida eterna" (1ª Juan 5:11-13).

"Os digo que ahora es el momento propicio de Dios, ahora es el día de salvación" (2ª Corintios 6:2b).

6) Si usted tiene el deseo de recibir a Jesús como su Señor y Salvador personal, haga esta oración:

"Jesús, creo que Tú eres el Hijo de Dios y que moriste en la cruz para rescatarme del pecado y de la muerte y para devolverme al Padre. Elijo ahora alejarme de mis pecados. Me entrego a Ti Recibo tu perdón y te pido que tomes Tu lugar legítimo en mi vida como mi Salvador y Señor. Entra en mi

corazón, lléname con Tu amor y ayúdame a convertirme en una persona amorosa. Jesús, restáurame, y mora en mí. Gracias, en el nombre de Jesús. Amén .

Lista de verificación.

1) ¿Comprende a fondo las creencias y puntos de vista espirituales de su pareja?

2) ¿Comparten el viaje espiritual?

3) ¿Cuál es el origen de la relación de una persona con Dios?

4) ¿Cómo expresar las diferencias de sus creencias espirituales en su vida y en su matrimonio?

5) ¿Hablan de las diferencias en cuanto a preferencias de la iglesia?

6) ¿Qué creencias espirituales quieren transmitir a tus hijos?

7) ¿Las diferencias en sus creencias espirituales causan tensión en su relación?

8) ¿Cree que sus creencias espirituales crecerán en una relación más fuerte a medida que confronten los desafíos de la vida?.

9) ¿Desempeñan sus creencias espirituales un propósito valido en su promesa del uno al otro?

Dar a conocer y fomentar la confianza espiritual - *Confíe plenamente en el piloto, y ¡llegará con seguridad!*

Crear confianza espiritual no viene naturalmente. La confianza espiritual puede ayudarle a que:

1) Fortalezca la confianza, la unidad y la intimidad.

2) Disminuyan los desacuerdos.

3) Den una base espiritual como abrigo a su hogar.

4) Fortalezca su relación a través de un fundamento espiritual común.

5) Disfrute profundamente de su matrimonio.

6) Aliente un ambiente de protección, tranquilidad, amor y perdón.

7) Construya la base para formar un patrimonio espiritual para su familia.

8) Le permite experimentar lo que Dios tiene para su matrimonio.

Por dónde empezar el equipo con Dios - *Él es el líder del equipo, así que volara con seguridad*

Iniciar una relación personal con Jesucristo es el primer paso y el más importante en la creación de una confianza espiritual. Es vital que tanto el esposo como la esposa estén en armonía espiritual. Eso significa que ambos tienen que "estar en buenos términos o comunión" con Dios, y que ambos necesitan seguirle y someterse a Él.

El Señor quiere que le invoquemos en nuestra vida y matrimonio. Él profundamente anhela ser la tercera cuerda mencionada en Eclesiastés 4:12. Dios nos ha creado a Su imagen con un alma para que el Espíritu de Dios entre y viva dentro de nosotros.

Al comenzar su relación personal con Cristo, debe estar preparado para compartir su viaje espiritual con su cónyuge. Dios les revelará todo lo que Él tiene para ustedes dentro de la impresionante promesa de un matrimonio cristiano.

Orar juntos como pareja - *Orar juntos da un enfoque de equipo para una planificación estratégica.*

Orar como pareja es un componente esencial para un matrimonio cristiano dedicado. El momento más íntimo que una pareja puede experimentar es orar juntos. Las parejas que oran y rezan juntas concilian la cuestión de que el Señor esta sobre su matrimonio.

Un estudio realizado por David y Jan Stoop muestra que sólo 1 de cada 1.500 parejas que oran juntos regularmente llegaran al divorcio. Sin embargo, sólo el 4% de las parejas cristianas verdaderamente oran juntos en forma regular.[1]

Cuando las parejas ignoran orar juntos, pasan por alto una enorme apertura a experimentar refugio, la dirección y la santificación de Dios para su matrimonio. Orar juntos es a la vez un disolvente y un pegamento.[2] Elimina lo indeseable y la animosidad, mientras que une dos corazones.

El psiquiatra suizo, el Dr. Paul Tournier dice: "Es sólo cuando el esposo y la esposa oran juntos ante Dios encontraran el secreto de la verdadera armonía: las diferencias de sus temperamentos, ideas, y gustos, enriquecen su hogar en lugar de ponerla en peligro... cuando cada uno de los cónyuges busca en silencio ante Dios ver sus propias faltas, reconocer su pecado, y pedir el perdón por los problemas maritales, que al final no son tan importantes... Ellos aprenden a ser absolutamente honestos con los demás... Este es el precio a pagar si los esposos son muy diferentes entre sí, para combinar sus talentos en lugar de ponerse el uno contra el otro."[3]

Al principio, orar juntos puede parecer incómodo, porque queremos que nuestras oraciones sean personales. Orar con su cónyuge puede hacerle sentir expuesto e insuficiente, pero tenga en cuenta que la oración con su pareja, aunque difícil al principio, resultará ser la mejor práctica de intimidad espiritual en su matrimonio.

Cada matrimonio cristiano necesita un tiempo y lugar donde la pareja pueda reunirse por unos momentos de tranquilidad y concentrarse en Dios. Las parejas que son apasionados en esta parte de su viaje espiritual juntos, suelen establecer una hora específica del día y lugar para leer la Biblia y orar.

Obstrucciones a la confianza espiritual - *Interactuar con la ayuda táctica para navegación aérea*.

Satanás siempre está acechando y trabajando duro para evitar el triunfo sobre sus necesidades serias de intimidad espiritual. Así, nos conduce a disfrazar nuestras verdaderas necesidades con aquellas que más nos gustan, y él abre nuestra vulnerabilidad a los ataques espirituales y desprecia a las parejas que tienen vidas visibles y piadosas.

Solo la transparencia y el perdón intensifican la cercanía espiritual. Un corazón que perdona es la mayor ayuda individual en la resolución de conflictos. Las parejas deben enfrentar honestamente sus sospechas y diferencias. Tienen que buscar la sabiduría de Dios y desarrollar el discernimiento para obtener el vigor espiritual necesario para resolver cualquier emoción dolorosa en su pasado.

Las parejas que disciernen por completo el amor incondicional de Dios por cada uno, comienzan a experimentar la unidad que Dios quiso para su matrimonio. Entonces empiezan a recuperar algo de lo perdido en el Jardín del Edén y son capaces de transmitir el amor, la transparencia, y la creencia en la unicidad del matrimonio.

Encontrar una Iglesia para adorar y servir juntos - *La elección de su asiento para el viaje*.

Decidan asistir a una iglesia que enseña el Evangelio de salvación con las siguientes creencias y prácticas fundamentales:

1) Dios creó el mundo.

2) Dios creó al hombre a Su imagen.

3) Dios el Padre, el Hijo y el Espíritu Santo forman la Santísima Trinidad.

4) La Biblia es la incuestionable Palabra de Dios.

5) El amor de Dios es incondicional.

6) Jesús regresará.

La iglesia debe estar razonablemente cerca de su casa para poder servir en forma activa.

Referencias bíblicas

Romanos 12:06 – *"Tenemos dones diferentes, según la gracia que se nos ha dado. Si el don de alguien es el de profecía, que lo use en proporción con su fe;"*

1 Corintios 14:12 - "Por eso ustedes, ya que tanto ambicionan dones espirituales, procuren que éstos abunden para la edificación de la iglesia."

2 Corintios 6:14 – *"No formen yunta con los incrédulos. ¿Qué tienen en común la justicia y la maldad? ¿O qué comunión puede tener la luz con la oscuridad?"*

Recursos recomendados

Kennedy, Nancy. *When He Doesn't Believe: Help and Encouragement for Women Who Feel Alone in Their Faith.* Colorado Springs, CO: WaterBrook, 2001.

Strobel, Lee, and Leslie Strobel. *Surviving a Spiritual Mismatch in Marriage*. Grand Rapids, MI: Zondervan, 2002.

Graham, Billy. *How to Be Born Again*. Dallas, Tex.: Word Pub., 1989

Capítulo 2

La comunicación
La torre de control llama

Información previa al vuelo

¿Tenemos un solo método para comunicarnos?. ¿Das siempre el mismo mensaje, sin importar como te expresas?. La comunicación es el elemento más esencial en una relación, el matrimonio, una amistad, el trabajo o el juego. Es la conexión común para cada rasgo de nuestras acciones, relaciones y finalidad. La comunicación depende de los estilos, patrones y habilidades que se aprenden y se desarrollan. Tenemos varias formas de comunicación, pero existen cuatro tipos principales que usamos para comunicarnos: oral, escrita, no verbal y visual.

Problemas comunes en las comunicaciones - La radio transmisión no se entiende

Hay diversos estilos de comunicación, y ser capaz de corresponder con todo tipo de personas es una habilidad muy valiosa. Los problemas de comunicación en las relaciones pueden ser el boleto a la catástrofe. En el noviazgo, es importante identificar la manera o forma de comunicarse de la otra persona. También es importante aprender a hablar su idioma, hacer que se sienta a gusto y escuchar lo que realmente dice.

Usted puede superar los problemas de comunicación en su relación. ¿Te suenan reconocibles las frases: "mmhmm", "sí querida", o "lo que tu digas"? En las relaciones, con demasiada frecuencia pronunciamos estas respuestas a lo que nuestra pareja nos dice. A veces son el resultado de haber sido ignorados en algún momento, pero estas respuestas también pueden ser un indicativo de que la relación ha sucumbido a algunas de las dificultades de comunicación. Si se abordan con honestidad y rapidez, estos obstáculos pueden ser vencidos. Tenga en cuenta que estos retos también pueden significar problemas más complicados o profundos en la relación.

La comunicación sin escuchar es uno de los problemas de comunicación más comunes en un matrimonio. Con frecuencia no reconocemos nuestra propia falta de atención, pero llega a desconcentrar a su pareja con más frecuencia de lo que cree. Involucrarse en el mensaje y esforzarse para ser un oyente más atento, lo llamamos *escuchar activamente* y tener una *comunicación asertiva*.

Es conveniente diferenciar a la gente como comunicadores de tipo kinestésico, auditivo, y visual. Las personas visuales son las que aprenden y se comunican con un sentido visual. A menudo usan sus manos para hacer un dibujo al hablar. A veces tienen dificultad para hablar por teléfono, porque son incapaces de ver a la persona con la que están hablando. La gente auditiva es aquella que les gusta escuchar. Ellos se comunican mejor usando varios estilos verbales. A veces son sensibles al ruido de fondo y quieren garantías de que están siendo escuchadas. A menudo preguntarán, "¿Me has oído?". Las personas con estilos de comunicación kinestésicos aprenden mejor a través del tacto. Son el tipo de persona sentimental, que responde mejor a un toque suave en el hombro o la rodilla que acompaña a las palabras.

Es muy importante la manera como la gente se comunica. Una persona confrontacional es más agresiva y le gusta resolver o hablar de las cosas tan pronto como sea posible. Una persona pasiva-agresiva es indirecta y tiende a hacer alusión a las cosas en vez de decirlas. A las personas con estilo de mensaje pasivo no les gusta el conflicto y son vagos en sus declaraciones.

Rara vez toman decisiones por sí mismos y evitan hacer olas cuando es necesario opinar.

El proceso de escuchar activamente - *Torre: ¿he oído correctamente?*

Desarrollar las habilidades de escuchar activamente le permitirá demostrar su comprensión mediante la reformulación de los mensajes de su pareja.

Una excelente comunicación depende de escuchar atentamente a la otra persona, además de reconocer el contenido y los sentimientos del hablante. El proceso de escuchar activamente permite al remitente saber si el mensaje que envió fue entendido claramente cuando el oyente puede repetir lo que ha escuchado.

Ejemplos de escuchar activamente - *Su mensaje es fuerte y claro.*

"He oído que usted dice que se siente "abrumado". Aunque disfruta de ser madre, también usted necesita pasar más tiempo conmigo. Usted desea separar un tiempo para hablar de esto".

"Si he entendido lo que ha dicho, usted está preocupado porque quiere ir a casa durante las vacaciones del próximo invierno, pero cree que preferiría de ir a la playa. ¿Eso es correcto?"

El proceso de la comunicación asertiva - ¿Copió mi última transmisión?

La comunicación asertiva es la capacidad de transmitir sus sentimientos y pedir lo que quiere en la relación.

La asertividad es una habilidad valiosa en la comunicación. Las parejas exitosas tienden a ser bastante asertivas. En lugar de asumir que su pareja entiende completamente, comparten lo que sienten y hacen honestamente y exactamente lo que quieren.

Las personas asertivas se responsabilizan por sus mensajes mediante el uso de declaraciones como "yo". Evitan las declaraciones que comienzan con "tú". Al hacer peticiones constructivas, son personas positivas y respetuosas en su comunicación. Utilizan frases de cortesía como "por favor" y "gracias".

Ejemplos de declaraciones asertivas: - *El tren de aterrizaje está en el suelo y asegurado.*

"Me siento abrumado. Mientras me encanta pasar tiempo con los niños, yo también quiero pasar tiempo contigo".

"Me gustaría encontrar tiempo para hablar de esto".

"Yo quiero ir a casa el próximo invierno, pero sé que le gusta ir a la playa.

Me siento perplejo en cuanto a qué escoger".

TRABAJO DEL QUE HABLA: - *Enviar un mensaje claro*

1. Habla por ti mismo ("yo", por ejemplo, "yo deseo...").

2. Describa cómo se sentiría usted si su deseo se hace realidad.

TRABAJO DE QUE ESCUCHA: - *Afirmar la emisión recibida*

1. Repetir o resumir de lo que ha oído.

2. Describir el deseo y cómo su pareja se sentiría si su deseo se hace realidad.

El dialogo Imago[1]

Una herramienta formal utilizada para *escuchar activamente* en la *comunicación asertiva* es **El diálogo Imago**. Desarrollado por Harville Hendrix, Ph.D. y Helen LaKelly Hunt, Ph.D., es un método de tres pasos para la comunicación: *Repetición, Validación y Empatía.*

Repetición

Utilizando el lenguaje en primera persona "yo" (el Remitente) hace una declaración que relaciona sus pensamientos, sentimientos o experiencias a la otra persona (el Receptor), tales como: *"Yo siento..."*, *"Yo amo..."* o *"Yo necesito..."*. Evite avergonzar, culpar o criticar a su pareja y hable más bien de uno mismo.

En respuesta, el receptor hace eco del mensaje del remitente parafraseando, utilizando una frase como: *"Déjame ver si he entendido. Lo que te he oído decir es..."*.

Si el receptor correctamente reiteró lo que dijo el remitente, el receptor le pregunta: ¿Hay más?. Después de que hizo esta pregunta, el receptor debe esperar una respuesta para mostrar la sinceridad y el deseo de escuchar más. A menudo, la pareja puede decir:

"Bueno, no... Déjame ver, ... tal vez no lo es". Dando más tiempo es posible ir y compartir mucho más. Ese intercambio puede ser la parte más fascinante de la conversación cuando los sentimientos más profundos son revelados.

El receptor puede querer fomentar lo que está diciendo, *"Guau, eso es interesante, ¿Hay más?"*, Cuanto más el receptor puede estimular a su pareja, estará verdaderamente fascinado de lo que dice, también el vínculo con el remitente, incluso si el tema es difícil o desconocido.

Cuando el remitente dice: *"No, eso es todo"*, entonces el receptor puede volver a resumir con: *"Así que, en resumen, te oí decir..."* Es importante para el receptor asegurarse de que él o ella tienen una comprensión clara de todo.

Cuando el receptor refleja bien a la pareja, el remitente se sentirá satisfecho de que el punto de vista se haya recibido y validado.

Validación

La validación puede ser un reto, especialmente si la pareja tiene una perspectiva muy diferente sobre las cosas. Para conectarse con la familia, es importante que se dé cuenta y reconozca lo que cada uno tiene que decir tenga sentido para el otro. En esta parte del diálogo, la creación de esa conexión es vital. ¿Quién está en lo correcto o incorrecto? eso es menos importante. Con el proceso de Imago, usted puede encontrar una solución, independientemente de quién tiene o no la razón, porque el dolor subyacente es descubierto y ahora se puede abordar.

Después del resumen del mensaje, se puede proporcionar una validación simplemente diciendo, *"Eso tiene sentido para mí"*, o *"Entiendo cómo se siente"*. Usted y su pareja no tienen que estar de acuerdo, pero deben mostrar respeto por el otro, mas la realidad de la persona. Anime con frases como: *"Eso ahora tiene sentido para mí porque..."*.

Empatía

En la empatía, se desea imaginar lo que la otra persona puede estar sintiendo, como la ira, la tristeza, la soledad, el miedo, la alegría, y así sucesivamente.

Usted puede decir a su pareja: *"Me imagino que podrías estar sintiendo miedo y tal vez triste también. ¿Es eso lo que estás sintiendo?"*. Entonces, si él o ella comparte emociones adicionales, el que empatiza debe reflejar lo que se dijo, tal vez con algo así como: *"¿Ah, un poco emocionado también"*.

Ejercicios en el vuelo

El siguiente ejercicio tiene como objetivo ayudar a que la pareja entienda sus habilidades de comunicación.

Hay cuatro estilos de comunicación: pasivo, agresivo, pasivo-agresivo y asertivo. El estilo asertivo es regularmente el más floreciente de los cuatro. Las parejas pueden evitar conversaciones difíciles e indecisas si usan el estilo asertivo con más frecuencia.

El siguiente ejercicio debe ser completado por separado. Utilice la siguiente evaluación para definir su estilo de comunicación. Luego discuta los resultados con los demás.

Evaluación estilo de comunicacion[2]
En medio del conflicto con mi pareja, yo tiendo a:

Estilo de Comunicación (Pesos)	Siempre (9)	A Menudo (6)	A Veces (3)	Raramente (1)	Nunca (0)
Sección 1					
Por lo general, quedarme tranquilo y no expresar lo que realmente siento.					
Buscar maneras de mantener lejos de la otra persona.					
Ofrecer rápidamente una admisión de culpabilidad.					
No atreverme a luchar por mi opinión contrastante.					
Hablar suavemente y esperar pacientemente mi turno para expresarme.					

Estilo de Comunicación (Pesos)	Siempre (9)	A Menudo (6)	A Veces (3)	Raramente (1)	Nunca (0)
Sección 1					
Evitar el contacto con los ojos y con mi pareja.					
Creer que los deseos o exigencias de la otra persona son mucho más importantes que los míos.					
Ver a mí mismo como el origen del desacuerdo.					
Siente impotencia, falta de respeto, o enojado.					
Tener miedo de que voy a ser desechado o ignorado.					
Intentar complacer a la otra persona a pesar de que me pueda afectar individualmente.					
				TOTALES 1	
Sección 2					
Por lo general hacer hincapié en mi posición, creyendo que es superior.					
Rebajar a la otra persona o su punto de vista contrastante.					
Sentirme alegre de ver mi opinión como triunfante cuando gano la disputa.					
Mirar hacia abajo a la otra persona					
Elevar el tono de mi voz para obtener atención a mi línea de razonamiento.					

Estilo de Comunicación (Pesos)	Siempre (9)	A Menudo (6)	A Veces (3)	Raramente (1)	Nunca (0)
Sección 2					
Considerar mi alternativa como la mejor solución.					
De vez en cuando, no sentir dolor ni responsabilidad sobre la estrategia que uso para tener éxito.					
Considerar el punto de vista de la otra persona como ridículo, estúpido, o insoportable.					
Hacer caso omiso de los deseos de la otra persona.					
Mandar en la senda que la conversación tome.					
Proteger mis derechos mientras busco el triunfo a cualquier precio.					
				TOTALES 2	
Sección 3					
Tengo inseguridades debido a situaciones que están fuera de mi control.					
Me resulta difícil admitir responsabilidad por temor a decepcionar.					
Me siento con derecho a tener mi propio camino, incluso si entro en conflicto con los "compromisos" que tengo con los demás.					

Estilo de Comunicación (Pesos)	Siempre (9)	A Menudo (6)	A Veces (3)	Raramente (1)	Nunca (0)
Sección 3					
No siento totalmente la culpa por las medidas que tomo.					
Temo que me descartarán o ignoraran, si continuo con mi postura.					
Tengo miedo a discutir con otros.					
Quiero hacer las cosas a mi manera, sin tener que rendir cuentas a nadie.					
Me siento ofendido por lo que otros demandan de mí.					
Concedo a los demás a toda prisa, para ya no lidiar con el problema.					
Indirectamente desafío sus demandas al posponer o dar una respuesta poco clara o confusa.					
Culpo a otros por el dilema con el fin de racionalizar mis acciones.					
Sección 4					
Soy capaz de expresar con toda seguridad y sin rodeos mis deseos y sentimientos					
Soy receptivo al punto de vista de la otra persona, reconociendo que puede tener ideas o pensamientos, que aún no he tomado en cuenta.					

Estilo de Comunicación (Pesos)	Siempre (9)	A Menudo (6)	A Veces (3)	Raramente (1)	Nunca (0)
Sección 4					
Me siento a gusto aceptar que podemos estar en desacuerdo en cualquier punto de vista.					
Mantenga la calma.					
Reconozco la posición de la otra persona, incluso si no estoy de acuerdo totalmente.					
Hago contacto visual y continuo debidamente.					
Acepto que los dos contribuimos beneficiosamente a la discusión, por lo que ofrecemos y recibimos.					
Reconozco que soy responsable por lo que hablo y como hablo.					
Me siento optimista sobre cómo actúo con los demás.					
No siento que tengo que "ganar" en todos los desacuerdos.					
Controlo la forma en que actúo, pero no manipuleo las conductas u opiniones de mi pareja.					
				TOTALES 4	

Fuente: Adaptado de "La solución para los matrimonios".[3]

Sume las puntuaciones de cada sección y anote la puntuación más alta. Este es su probable estilo primario de comunicación. Discuta las siguientes descripciones y valide los resultados.

Total 1 = Estilo pasivo

Este estilo de comunicación se caracteriza por la incapacidad de validar las demandas de los demás. La persona deja de ver sus opciones disponibles y en su lugar cede el control a los demás. Evita dar opiniones sobre cuestiones principales y secundarias. Por lo general, espera que otros den sus opiniones primero. Estas personas pueden simplemente estar de acuerdo o cambiar las opiniones sólo para satisfacer a la otra persona, pero a menudo terminan sintiéndose mal e impotentes.

Total 2 = Estilo agresivo

Este estilo se caracteriza por el intento de conseguir que la otra persona se someta a través de la manipulación verbal. Minimizan la opinión del otro como si siempre estuvieran equivocados. Son críticos del punto de vista del otro y tratan de cambiar la opinión de su pareja a través de la intimidación, el sarcasmo o las discusiones acaloradas. Este estilo puede parecer ser eficaz a corto plazo, pero a menudo crea resentimiento y pérdida de afecto y lealtad.

Total 3 = Estilo pasivo-agresivo

Este estilo de comunicación combina los elementos del estilo pasivo (miedo) y del agresivo (ira), al mismo tiempo.

* Estas personas se sienten enojadas, quieren tomar represalias, pero el miedo les impide hacerlo directamente. El resultado es una "agresión encubierta". Recurren a formas de ataque que les permitan no quedar atrapados, evitando así un debate abierto y franco.

No se debe confundir con la persona que alterna entre los estilos de comunicación pasivos y agresivos. El principal problema para los que están entre los dos, por lo general son demasiado pasivos al principio, hasta que llegan a una explosión de ira intensa antes de volver nuevamente a la pasiva.

Total 4 = Estilo asertivo

La asertividad es una habilidad de comunicación muy valiosa. En parejas, vitalizadas y exitosas, los individuos tienden a ser asertivos. Las personas asertivas, no asumen que su pareja puede leer sus mentes. Piden específica y directamente lo que quieren y desean.

El impacto de la comunicación sobre la intimidad. La siguiente tabla muestra cómo los diversos estilos de comunicación afectan la intimidad en un matrimonio.

Estilos de comunicación y niveles de intimidad[2]				
Estilo de Comunicación				
Persona A	Persona B	Relación	¿Quién Gana	Nivel de Intimidad
Pasivo	Pasivo	Desvitalizada	Ambos pierden	Bajo
Pasivo	Agresivo	Dominante	Yo gano, Tu pierdes	Bajo
Agresivo	Agresivo	En conflicto	Ambos pierden r	Bajo
Asertivo	Pasivo	Frustrado	Ambos pierden	Bajo
Asertivo	Agresivo	Confrontaciones	Ambos pierden	Bajo
Asertivo	Asertivo	Vitalizado /Creciente	Ambos ganan	Alto

FUENTE: Innovaciones en la vida[4]

Referencias bíblicas

Colosenses 4:6 -" *Que su conversación sea siempre amena y de buen gusto. Así sabrán cómo responder a cada uno."*

Mateo 12:35-37 - *"El que es bueno, de la bondad que atesora en el corazón saca el bien, pero el que es malo, de su maldad* *saca el mal. Pero yo les digo que en el día del juicio todos tendrán que dar cuenta de toda palabra ociosa que hayan pronunciado. Porque por tus palabras se te absolverá, y por tus palabras se te condenará."*

Efesios 4:29 - *"Eviten toda conversación obscena. Por el contrario, que sus palabras contribuyan a la necesaria edificación y sean de bendición para quienes escuchan."*

Proverbios 18:13 - *"Es necio y vergonzoso responder antes de escuchar."*

Proverbios 10:19 - *"El que mucho habla, mucho yerra; el que es sabio refrena su lengua."*

Proverbios 17:27 – *"El que es entendido refrena sus palabras; el que es prudente controla sus impulsos."*

Santiago 3:10 – *"De una misma boca salen bendición y maldición. Hermanos míos, esto no debe ser así."*

Recursos recomendados

Burke, H. Dale. *Different by Design: God's Master Plan for Harmony between Men and Women in Marriage.* Chicago: Moody, 2000.

McNulty, James K., and Benjamin R. Karney. "Positive Expectations in the Early Years of Marriage: Should Couples Expect the Best or Brace for the Worst?" *Journal of Personality and Social Psychology* 86.5 (2004): 729-43.

Parrott, Les, and Leslie L. Parrott. *Saving Your Marriage before It Starts: Seven Questions to Ask Before--and After-- You Marry,* Grand Rapids. MI: Zondervan, 2006.

Stanley, Scott. *A Lasting Promise: a Christian Guide to Fighting for Your Marriage.* San Francisco: Jossey-Bass, 1998.

Townsend, John Sims. *Who's Pushing Your Buttons?: Handling the Difficult People in Your Life.* Nashville, TN: Integrity, 2004.

Wright, H. Norman. *Communication: Key to Your Marriage: a Practical Guide to Creating a Happy, Fulfilling Relationship.* Ventura, CA: Regal, 2000.

Capítulo 3

Manejar el estrés
Un viaje sin problemas

Información previa al vuelo

Los factores de estrés son experiencias externas que provocan una respuesta emocional y/o corporal. La influencia del evento depende si ve a la ocasión como alentadora o destructiva. Cuando los niveles de estrés son altos o constantes, es común que surjan síntomas físicos (dolores de cabeza, de espalda), síntomas emocionales (ansiedad, ira) y cuestiones relacionales (conflictos, desconexión).

Hay dos maneras de manejar el estrés:

• *Retire el factor estresante.* Algunos factores de estrés son controlables (por ejemplo: trabajar demasiado tiempo). En algunos casos, es posible tomar decisiones que en realidad eliminan el factor de estrés (por ejemplo, cambiar de trabajo).

• *Cambie su respuesta al estrés.* Cuando un factor de estrés no se puede quitar, es esencial analizar cómo reacciona usted o controla la respuesta al factor estresante. Se puede aprender y luego utilizar métodos saludables para confrontar el estrés y hacer que su respuesta se vuelva más saludable.

Las pruebas de estrés son muy valiosas para los que buscan reducir el estrés. Estas pruebas proporcionan la oportunidad de mirar con imparcialidad su situación y decidir cómo el estrés está alterando su vida.

El estrés influye en la gente con patrones únicos; no hay una solución común para la liberación del estrés. La reducción de la causa de la tensión es factible y también existen técnicas útiles para el manejo del estrés, estos ingredientes son valiosos para eliminar el estrés. Es decir, si sometemos a la raíz de la tensión y aplicamos técnicas efectivas para el manejo del estrés, alteraremos nuestra vida de manera positiva y efectiva.

Los factores estresantes comunes[1] - El miedo a volar

Basado en resultados de 20,000 parejas que completaron la prueba de Prepararse - Enriquecerse, versión personalizada de la evaluación de la relación, los cinco principales factores de estrés para cada etapa de la relación se enumeran a continuación. En general, las parejas casadas reportan mayores niveles de estrés que las parejas de novios o comprometidos.

1) Parejas de novios:

- Su trabajo

- Sentirse emocionalmente alterado

- Ingresos inadecuados

- Su pareja

- Demasiadas cosas que hacer en la casa

2) Las parejas comprometidas:

- Su trabajo

- Las preocupaciones financieras

- El costo de la boda

- La falta de ejercicio

- La falta de sueño

3) Parejas casadas:

- Su cónyuge

- Su trabajo

- Sentirse emocionalmente alterado

- Ingresos inadecuados

- Demasiadas cosas que hacer en la casa

Note que la primera causa de estrés para las parejas casadas es *"su cónyuge"*, tanto para los hombres como para las mujeres. Es bastante común que las parejas tengan conflictos en la relación, al pensar que los problemas desaparecerían si su pareja sería capaz de "cambiar." No sólo piensan eso, la mayoría por lo general lo afirma. Muchos consejeros matrimoniales encuentran este ejercicio útil y lo emplean en las sesiones iniciales de psicoterapia matrimonial.

Las parejas comprometidas están típicamente entretenidas en los numerosos detalles de la preparación de su boda y la recepción. También enfrentan la ansiedad a un precio muy alto planeando su boda. Planear la boda es a menudo la primera oportunidad que tiene la pareja para poner a prueba su capacidad de compartir decisiones importantes y las funciones se cada uno. Las finanzas, la familia, la comunicación, y los conflictos son sólo algunos de los muchos temas que una pareja va a experimentar durante su vida matrimonial. Los ejercicios ofrecen un gran campo de práctica para su relación. Dedicamos un capítulo entero a los límites de la planificación de la boda más adelante

Ayuda para controlar el estrés - *Maneras saludables de tratar con estresores controlables*

1) Desarrollar la comprensión y la empatía. Identificar y analizar la fuente de estrés. Asegúrese de que cada uno entienda lo que su pareja está sintiendo y experimentando.

2) Dar prioridad a los factores de estrés. Concéntrese

solamente en las cosas que son más importantes para usted y su pareja, abandonen el resto.

3) Tenga en cuenta la etapa del noviazgo. Las parejas comprometidas pueden estar preocupadas por los detalles de la boda; otros factores de estrés pueden ofrecer un buen marco para construir la visión y las herramientas de cómo funcionará su relación, incluso después de su boda.

4) Utilizar sus habilidades de comunicación asertiva. A menudo, las mejores maneras de lidiar con el estrés se deben a otras habilidades relacionales tal como tener una comunicación efectiva, saber resolver los conflictos, ser flexibles y tener una relación más intima.

5) Pregúntese: ¿Es la situación o circunstancia realmente tan importante? ¿Importará mañana, en unos pocos años, o en la eternidad?

6) ¿Cuáles son los aspectos positivos de esta situación? Opten por enfocarse en los factores positivos, no en los negativos.

Lista de control durante el vuelo

Utilice la siguiente lista para identificar las cuestiones importantes que usted pueda estar experimentando.

1) Elija los que se aplican dentro de los últimos 2 años. Si el evento se ha producido más de una vez, marque el número de veces al lado de la partitura. Por ejemplo, si se celebró la navidad cada año, marque "2" al lado de él.

2) Para cada elemento de su lista, determine qué se puede cambiar o resolver y cuáles están fuera de su control. Marque "Sí" o "No" al lado de cada opción.

3) De prioridad a los que quiere controlar y trabajar.

4) Discuta cuales son las mejores maneras de hacer frente a los problemas que no pueden ser cambiados o están fuera de su control.

Eventos de la vida y el estrés[2]

Eventos estresantes		Capaz de cambiar? (Sí/No)		Prioridad	Cómo lidiar con el estrés	Cómo confrontar a los factores de estrés inmutables
		Si	No			
Factores estresantes de Alto Nivel	La mujer del cónyuge					
	El divorcio					
	La separación de la pareja					
	La cárcel					
	La muerte de un miembro cercano de la familia					
	Lesiones personales o enfermedad					
	El matrimonio					
	Pérdida de empleo o iniciar la jubilación					
	Problemas matrimoniales					
	Problemas de salud en alguien de la familia					
	Otros					

Eventos estresantes		Capaz de cambiar? (Sí/No)		Prioridad	Cómo lidiar con el estrés	Cómo confrontar a los factores de estrés inmutables
		Si	No			
Factores estresantes de Mediano Nivel	Embarazo					
	Las dificultades sexuales					
	Drogas o abuso del alcohol					
	Reajustes en los negocios					
	Ganancia de un nuevo miembro en la familia					
	Cambio significativo en las finanzas					
	La muerte de un amigo cercano					
	Cambio a un diferente tipo de trabajo					
	Cambio en la cantidad de discusiones con la esposa					
	Préstamo para compras importantes					
	Asuntos con la hipoteca					
	Cambio en las responsabilidades laborales					
	Los hijos se mudan de la casa					
	Embarazo					
	Las dificultades sexuales					
	Drogas o abuso del alcohol					
	Reajustes en los negocios					
	Ganancia de un nuevo miembro en la familia					

Eventos estresantes		Capaz de cambiar? (Sí/No)		Prioridad	Cómo lidiar con el estrés	Cómo confrontar a los factores de estrés inmutables
		Sí	No			
Factores estresantes de Mediano Nivel	Cambio a un diferente tipo de trabajo					
	Cambio en la cantidad de discusiones con la esposa					
	Préstamo para compras importantes					
	Asuntos con la hipoteca					
	Cambio en las responsabilidades laborales					
	Los hijos se mudan de la casa					
	Préstamo para compras importantes					
	Problemas con los suegros					
	Logro personal sobresaliente					
	Dificultades en la guardería					
	Esposa deja o empieza a trabajar					
	El empezar o terminar la escuela					
	Otros					

Eventos estresantes		Capaz de cambiar? (Si/No)		Prioridad	Cómo lidiar con el estrés	Cómo confrontar a los factores de estrés inmutables
		Si	No			
Factores estresantes de Nivel Inferior	Cambio en las condiciones de vida					
	Revisión de los hábitos personales					
	Problemas con el jefe en el trabajo					
	Cambio en la hora o condiciones de trabajo					
	Cambio de residencia					
	Cambios en la escuela					
	Cambios en la recreación/actividades sociales					
	Cambio en las actividades de la iglesia					
	Préstamo para el coche o la televisión					
	Cambio en los hábitos de sueño					
	Cambio en el número de reuniones familiares					
	Cambio en los hábitos alimentarios					
	Vacaciones					
	Violaciones con la ley de menor importancia					
	Otros					

Referencias bíblicas

Filipenses 4:6-7 – *"No se inquieten por nada; más bien, en toda ocasión, con oración y ruego, presenten sus peticiones a Dios y denle gracias. Y la paz de Dios, que sobrepasa todo entendimiento, cuidará sus corazones y sus pensamientos en Cristo Jesús."*

Mateo 6:28-30 – *"¿Y por qué se preocupan por la ropa? Observen cómo crecen los lirios del campo. No trabajan ni hilan; sin embargo, les digo que ni siquiera Salomón, con todo su esplendor, se vestía como uno de ellos.[30] Si así viste Dios a la hierba que hoy está en el campo y mañana es arrojada al horno, ¿no hará mucho más por ustedes, gente de poca fe?"*

1 Pedro 5:7 – *"Depositen en Él toda ansiedad, porque Él cuida de ustedes."*

Mateo 11:28-29 – *"Vengan a mí todos ustedes que están cansados y agobiados, Yo les daré descanso. Carguen con mi yugo y aprendan de mí, pues Yo soy apacible y humilde de corazón, y encontrarán descanso para su alma."*

Romanos 5:3-5 – *"Y no sólo en esto, sino también en nuestros sufrimientos, porque sabemos que el sufrimiento produce perseverancia; la perseverancia, entereza de carácter; la entereza de carácter, esperanza. Y esta esperanza no nos defrauda, porque Dios ha derramado su amor en nuestro corazón por el Espíritu Santo que nos ha dado."*

Recursos recomendados

Schermerhorn, John R., Richard Osborn, and James G. Hunt. *Organizational Behavior.* 9th ed. New York:

Wiley, 2005.

STRESS Obstacle or Opportunity?, A. Pihulyk. Source: Canadian Manager (Summer 2001): 26.2, p.24.

Capítulo 4

Resolución de conflictos
Navegando en la turbulencia

Información previa al vuelo

Muchas personas han aprendido que el conflicto provee una oportunidad de resolver situaciones de manera que honra a Dios y añade beneficios a los implicados. Algunas personas piensan que el conflicto es como un instrumento para "probar" su valor, aun otros ven el conflicto como una oportunidad para aumentar la fuerza y el trabajo en equipo. La ausencia de conflicto no define al matrimonio, pero la forma en que se resuelven los conflictos hacen una gran diferencia.

La herramienta que una pareja utilice para resolver el conflicto afectará el resultado. Cuanto más positivo sea el enfoque que adopten, mejor será la probabilidad de victoria.

Diez pasos para navegar en un vuelo turbulento

Cuando usted tiene un problema que no se puede resolver a través de la comunicación, siga los siguientes pasos. En cuestiones de menor importancia, se puede mover a través de los pasos con bastante rapidez. Sin embargo, cuando haya una gran carga emocional y problemas difíciles, usted debe moverse a través de los pasos lenta y deliberadamente.

1. Decidan el tema que va a ser discutido

2. Encuentren el tiempo y el ambiente apropiado para discutir el asunto o tema

3. Definan claramente el problema desde ambos puntos de vista. ¿Cómo contribuye cada uno al problema?

4. Piensen juntos las posibles soluciones

5. Hagan el compromiso de seguir con un plan de acción

6. Indiquen los pros y contras que puedan tener al estar de acuerdo

7. Pidan ayuda a Dios cuando tomen las medidas necesarias

8. Compartan y pónganse de acuerdo acerca de cómo cada uno contribuirá a la solución

9. Definan un tiempo para reunirse de nuevo y evalúen el progreso

10. Prémiense o celebren cuando la solución progresa.

NOTA: *Si continúan teniendo problemas o no pueden encontrar una manera de resolver los problemas por su cuenta, busque el consejo de un anciano, pastor, mentor, amigo piadoso, o consejero cristiano. Sus sugerencias tienden a ser mas objetivas y libres de emociones.*

¿Es la turbulencia siempre mala?

¿Es la ausencia de conflictos un indicativo automático de que usted tiene una mejor relación? ¡No! El conflicto no es automáticamente ni bueno ni malo. A veces las parejas se preocupan porque creen que el tener conflictos significa que tienen un matrimonio deficiente. Mientras que todos preferiríamos menos conflictos en nuestros matrimonios, los conflictos ocasionales en realidad dan la oportunidad de trabajar juntos, aprender y amarnos unos a otros. Curiosamente, no tener ningún conflicto en una relación, en realidad puede ser un indicador de que la pareja está evitando temas que deben ser discutidos. Lo ideal sería que busquen tener una menor cantidad de conflictos en su relación. Hay que darse cuenta de que cuando se producen los conflictos, siempre se puede encontrar una mejor manera de resolverlos y así, optimizar la relación.

En las tormentas, tenga cuidado como usted transmite

La investigación muestra que el 96% de las veces, durante los primeros tres minutos de una conversación, se puede predecir el resultado que ésta tendrá.[1] Esto significa que las palabras duras al principio de una conversación pueden condenar a la discusión y hacerla destructiva. Para evitar este problema, utilice el modelo que figura en Santiago 1:19-20 donde dice: *"Mis queridos hermanos, tengan presente esto: Todos deben estar listos para escuchar, y ser lentos para hablar y para enojarse; pues la ira humana no produce la vida justa que Dios quiere".*

1. *Asegúrese de que su radio esté encendida:* Cuando se trabaja a través de un conflicto, recuerde que su cónyuge quiere ser escuchado y entendido, tanto como usted. Algunos investigadores creen que hasta un 80% de los conflictos en las relaciones pueden ser tratados mediante el uso de una buena comunicación y comprensión oral. Escuchar a los demás y tratar de entender lo que la otra persona está viviendo es una manera práctica de mostrar amor, honra y sumisión a su pareja.

2. *Transmitir lentamente:* Las palabras que dice a toda prisa cuando se siente frustrado o enojado, a menudo lastiman profundamente. Al final, nos lamentaremos de lo que hemos dicho y nos hubiera gustado borrar algunas palabras y volver a hablar. Recuerde, cuando hace daño a su cónyuge, se hace daño a usted mismo (a). Muchas personas piensan que necesitan "ventilar" su enojo con el fin de tratar con él.

Sin embargo, la ventilación a menudo nos lleva a decir palabras o a tomar acciones que no son ni piadosas ni saludables. Más bien, primero evalúe su nivel de rabia/tensión de 0 a 10 (véase la escala de abajo). A medida que el nivel de tensión aumenta, nuestra capacidad para pensar con objetividad (claridad) y resolver los problemas con eficacia va desciendo. Sin embargo, la mayoría de las parejas tratan de resolver sus problemas más difíciles cuando se encuentran en la ¡Zona de Conflicto Excesivo! No es de extrañar que estas conversaciones fracasen. ¡A Satanás se le hace mucho más difícil de conseguir una ventaja con nosotros cuando nos ocupamos de nuestra ira de una manera apropiada!

Si su nivel de tensión se encuentra en la Zona de Conflicto Excesivo (8-10), no trate de hablar de ningún problema en estos momentos. Tome medidas para calmarse, como salir a caminar, escribir sus sentimientos, trabajar en su jardín, y respirar profundamente. Si se encuentra en la Zona Complaciente (4-7), tenga en cuenta que se puede pasar rápidamente a la Zona de Conflicto Excesivo, así que preste atención. Lo ideal es que siempre se pueda conversar en la Zona Pacífica (1-3) con una oración en nuestro corazón y el mejor interés por nuestra pareja en mente.

0 1 2 3	Zona Pacífica
4 5 6 7	Zona Complaciente
8 9 10	Zona de Conflicto Excesivo

Fuente: Adaptado del Centro Apostólico Cristiano para Consejería y Servicios Familiares

3. *Utilice el recorte para estabilizar el avión:* Cuando se producen desacuerdos: ¡Oren! Busque la ayuda de Dios para tratar con sus sentimientos, la comprensión de su cónyuge y cómo compartir sus sentimientos.

La ira se refiere a menudo como una "emoción secundaria" porque viene como resultado de una causa. Cuando usted está enojado (a) por algo, trate de descubrir cuál de las siguientes causas probablemente provocó su ira.

- Herida emocional (por ejemplo: humillación, sentimiento de rechazo, vergüenza)
- Irritación o molestia
- Pánico o fuerte temor
- Dolor físico
- Hacer algo malo o cometer un delito

Cuando encuentre alguna de los respuestas anteriores que alteran sus respuestas, trate de resolver el conflicto en un manera que glorifique a Cristo. Reflexione buscando la sabiduría de Dios, recuerde, se suele revolver el conflicto orando y hablando. Sin embargo, si usted todavía tiene problemas para resolver el conflicto por su cuenta, busque la ayuda y el discernimiento de un anciano, pastor, mentor, consejero o amigo piadoso.

Cuestione el asunto: ¿De qué estamos hablando realmente?[2]

Fundamentalmente hay dos niveles en la mayoría de las conversaciones:

1. Evento: el tema que nos ocupa

2. Problema: lo que está "bajo la superficie": los sentimientos, lo que valoramos o los objetivos

La mayoría de los argumentos nunca se resuelven debido a que, realmente, las parejas están discutiendo sobre diferentes temas que no se ven. Una conversación útil sucede cuando el diálogo es acerca de la misma cuestión. Una acción amorosa (aunque a menudo difícil) es reconocer por qué su cónyuge está respondiendo a un tema de una manera que usted entiende. Por ejemplo, una pareja puede tener un desacuerdo sobre si la servilleta se coloca debajo de los cubiertos o el plato. Ambos pueden estar hablando de la servilleta (el "evento"), pero el tema tácito puede estar relacionado con algo muy diferente. La cuestión que no se habla, puede ser en realidad, "esta es la manera que mi madre me enseñó", o "nunca escuchas mis sugerencias". Siempre intente decir algo sobre el mismo tema o asunto. Muchos de los conflictos no se resuelven porque los cónyuges están realmente discutiendo sobre diferentes temas ocultos.

¡Evite las tormentas!

1. Las personas que son "evitadores de conflictos" en el matrimonio, tienden a hacer casi cualquier cosa para evitar una discusión. Si bien esto puede parecer bueno en muchas situaciones, los que evitan el conflicto también puede evitar el crecimiento en importantes asuntos espirituales, emocionales y relacionales. Los que son "conflictivos/argumentativos" en el matrimonio tienden a provocar discusiones de vez en cuando. Mientras que usted siempre sabrá las opiniones de estas personas sobre un tema en particular, pueden decir palabras con dureza y desprecio.

2. Jesús nos dio un ejemplo perfecto para tratar el conflicto. A veces Él se quedó en silencio o dijo algunas palabras, mientras que otras veces habló directamente con firmeza. Jesús siempre habló del corazón del asunto y siempre se enfocó en el bien eterno de la persona. Él no evitó el conflicto por temor al hombre. Sin embargo, Él no trató de ser polémico. Por lo tanto, no existe una respuesta correcta para cada situación.

3. Recuerde que a veces callar o decir pocas palabras es mejor, mientras que otras veces tendrá que enfrentar en amor a su cónyuge. Tenga en cuenta que si usted tiende a ser un "evitador de conflictos", usted tendrá que practicar el hablar en una manera firme y directa. Sin embargo, si usted es más "conflictivo/argumentativo", tendrá que practicar hablar menos.

Asegúrese de que está hablando correctamente con el aeropuerto.

Toda pareja, sin importar lo bueno que sea su matrimonio tendrá desacuerdos ocasionales, malentendidos y conflictos. Por lo tanto, si usted tiene un conflicto ocasional, no se alarme. Más bien, tome el tiempo necesario para trabajar a través de los problemas y seguir adelante. Las investigaciones han identificado varios tipos de conflictos que pueden ser tan venenosos para los matrimonios que son llamados los *"Cuatro jinetes del Apocalipsis."*[3]

1. La escalada o la crítica - Se produce cuando los cónyuges actúan negativamente a la respuesta de la otra persona, ofreciendo continuamente insultos, asignaciones de carácter y ataques a la personalidad, haciendo que la conversación se convierta cada vez en más hostil.

2. Invalidación o desprecio - Palabras o gestos que muestren a su cónyuge que están horrorizados y asqueados con él/ella. Por ejemplo: el cinismo, la burla, los insultos, los sarcasmos y rodar sus ojos, entre otros. Esto ocurre a menudo cuando una pareja abiertamente y con astucia ataca a los pensamientos, sentimientos, o carácter de la otra.

3. Interpretaciones negativas o defensivas - Ocurren cuando una pareja cree que las intenciones de los demás son más negativas de lo que realmente son. En lugar de escuchar la posición de su cónyuge y discutir a través de ella, la defensiva es una manera de culpar a su cónyuge e implica a menudo señalar defectos en su comportamiento, opiniones, y así sucesivamente.

4. Retirarse, obstruir o evitar - Se produce cuando uno o ambos cónyuges, demuestran cierta renuencia a entrar o continuar con conversaciones importantes. Retirarse se refiere a la terminación de una conversación, mientras que evadir es un intento de evitar que se inicie la conversación. Obstruir incluye dar a su cónyuge el "tratamiento del silencio".

¡La presencia crónica de los cuatro tipos de conflicto que figuran arriba predice el divorcio en un 82%![4]

Nota especial: El abuso emocional (también llamado maltrato verbal) y el abuso físico no son aceptables y no deben ser tolerados en su matrimonio. Estos tipos de crueldad son pecados que golpean en el corazón mismo del matrimonio y proporcionan a Satanás una puerta abierta para echar abajo el matrimonio. Mientras que la brutalidad física puede causar lesiones visibles, el abuso emocional lastima el alma de una persona. Ejemplos de abuso emocional incluyen un patrón crónico de utilizar palabras hirientes, arrebatos de ira, el silencio, el aislamiento, los gestos, amenazas, etc. para controlar y manipular a la otra persona. Si se producen abusos emocionales y / o físicos en su relación, busque ayuda inmediatamente.

Cuándo buscar ayuda

Si se han realizado varios intentos para resolver un desacuerdo o si los cónyuges están agotados del daño físico y mental debido a sus diferencias, entonces podría ser el momento de buscar ayuda de un pastor o profesional para mediar y alcanzar una solución y reconciliación. Otras razones para buscar ayuda externa podrían incluir:

1) Sentirse físicamente o emocionalmente inseguro

2) Tener la sensación de sentirse verbalmente agredido o psicológicamente deprimido

3) Tener una lucha constante por el mismo problema

4) Que cualquiera de los cónyuges expresa su ira en los hijos

5) Que cualquiera de los cónyuges usa a los hijos como una descarga emocional

6) Amenazas recurrentes de abandono de hogar, separación o divorcio

7) El sentimiento de que ya no quiere que el matrimonio funcione, o tiene pensamientos de infidelidad en contra de su cónyuge

Evitar el ciclo acusador-desconectado

Los esposos a menudo tienen diferentes opiniones en cuanto a cuál es la forma correcta de resolver los conflictos. Muchas veces la mujer siente la necesidad de hablar de la situación de inmediato, mientras que el esposo necesita tiempo para pensar en ello y hablar más tarde. Esta disposición conduce a menudo al ciclo acusador-desconectado.

Por ejemplo, la mujer puede querer hablar de por qué su marido ha estado fuera de casa mucho tiempo durante los últimos meses. Ella puede decir: "¿Por qué te has ido tanto? Rara vez dispones de tiempo para ayudarme en la casa". Luego, el dice que quiere hablar de este asunto más tarde y sale de la habitación. Esto hace sentir a la mujer aun más molesta. Enseguida, le sigue a la otra habitación y da rienda suelta a muchas preguntas adicionales. Él, percibe sus preguntas como una crítica o un ataque, se frustra, se enoja, y luego grita: "¡Trabajo duro todos los días y este es el agradecimiento que recibo!". Él sale de la habitación y se acuesta.

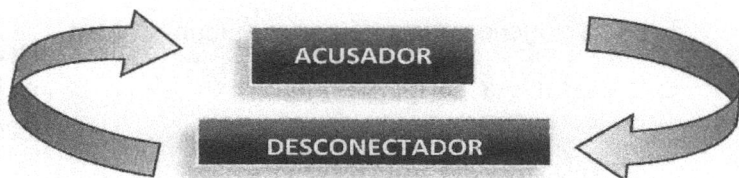

Entonces, ¿quién "empieza" con el ciclo acusador-desconectador? ¿Quién es el acusador o el desconectador? En realidad, ambos son responsables. Cuando el acusador (la esposa en este caso) ejerce presión sobre el desconectador (el esposo) para hablar cuando él no está listo, la/el desconectador se retira. Sin embargo, porque su marido no trató de hacer frente a su preocupación, la esposa se preocupa porque el problema nunca se resuelve y llega a la conclusión de que es mucho más grave de lo que suponía.

El objetivo es estar más atentos el uno del otro, haciendo lo siguiente

1. Si usted tiende a ser un acusador: Tenga cuidado de no ser demasiado antagónico. Sólo porque usted piensa que ahora es un buen momento para hablar de un tema no significa que su cónyuge está listo. En lugar de ser persistente, deje que su esposo sepa que usted tiene algo que desea hablar y pida un tiempo y lugar agradable para que los dos puedan hablar de sus preocupaciones.

2. Si usted tiende a ser un desconectador: Tenga cuidado de no dejar de notificar un plan de cuándo estará listo para discutir el tema. Deje que él/ella sepa que usted es consciente de que él/ella quiere hablar, pero ahora no es un buen momento. Sin embargo, discuta de una vez en un futuro próximo (después de cenar, próximo día por la noche, durante el almuerzo, etc.) cuando ambos puedan hablar y tratar el tema.

Reglas de vuelo adicionales para navegación en la turbulencia.

1. Manténgase en el tema. Tratar de resolver múltiples problemas en una conversación puede añadir confusión y más diferencias.

2. No sacar a relucir el pasado. Recordar palabras pasadas, acciones, etc., puede ser muy perjudicial para su cónyuge y daña la confianza.

3. Evite decir frases que empiezan con "tú". Frases que comienzan con acusaciones (incluso si son verdaderas) pondrán a su cónyuge inmediatamente a la defensiva, tales como: "¡Nunca me escuchas!".

4. Use declaraciones que empiezan con "yo". Hablen desde su perspectiva: "Me siento frustrado cuando la basura no se saca después de que yo le pedí que lo hicieras".

5. Controle el tono de su voz: "La blanda respuesta quita la ira, pero la palabra áspera hace subir el furor" (Proverbios 15:1).

6. No hablen ni traten a su cónyuge como si fuera un niño. Recuerde que somos *"herederos de la gracia de la vida"* (1 Pedro 3:07), y que debemos tratar a los demás como tal.

Lista de control durante el vuelo

1. Cuando estabas creciendo, ¿cómo se manejaba el conflicto en su familia? ¿Cómo fue su padre y su madre resolviendo conflictos?

2. Cuando se molesta, ¿es más propenso a querer resolver el problema de inmediato o necesita tiempo para pensar en ello?

3. ¿Cree que usted es más probablemente un **"Acusador"** o un **"Desconectador"**? En su matrimonio, ¿qué patrones de conducta cree que debería estar guardando?

4. ¿Cómo creen que Efesios 4:26 se aplica a ustedes como pareja? "Se puede enojar pero no pecar. No dejes que el sol se ponga estando aún enojados".

5. ¿Dónde se queda más a menudo, en el ciclo de "evitador de conflictos" a "conflictivo/argumentativo"? ¿Qué cree que esto dice sobre la forma en que probablemente responde a los conflictos con su pareja?

6. ¿Hay algún tema que usted evita discutirlo porque tiene miedo que podría causar un conflicto o herir sus sentimientos? ¿Qué cree que debe ocurrir para asegurarse que esta cuestión se resuelva?

7. ¿Qué tipos de asuntos suben su nivel de ira/tensión a la Zona de Conflicto Excesivo? ¿Qué hace para calmarse? ¿Cómo sabe en qué zona se encuentra?

8. Si usted comienza a notar alguno de los cuatro tipos de conflicto destructivos en su relación sobre una base regular, ¿cómo va a responder?

9. Si ustedes tuvieron dificultades para resolver un problema, por ustedes mismos, ¿en qué punto cree usted que debe buscar el consejo de alguien más (anciano, consejero, etc.)? ¿Quién sería más probable en ir a buscar ayuda?

10. ¿Puede prometer a su cónyuge que está de acuerdo en ir a una terapia de parejas, si fuera necesario?

11. Como el líder espiritual de la casa, ¿qué responsabilidad cree usted que los maridos tienen en la resolución de conflictos maritales para asegurarse que los problemas se tratan? ¿Cuál es la responsabilidad de la mujer?

12. ¿Cómo va a saber si hay algo que le molesta y que los dos deben discutirlo?

13. ¿Hay otras reglas básicas para la resolución de conflictos que piensas que deben ser añadidos a la lista?

Referencias bíblicas

1 Corintios 7:28 – *"Pero si te casas, no pecas; y si una joven se casa, tampoco comete pecado. Sin embargo, los que se casan tendrán que pasar por muchos aprietos, y yo quiero evitárselos."*

Efesios 4:26 – *"«Si se enojan, no pequen.» No dejen que el sol se ponga estando aún enojados,"*

Efesios 4:29 – *"Eviten toda conversación obscena. Por el contrario, que sus palabras contribuyan a la necesaria edificación y sean de bendición para quienes escuchan."*

Proverbios 12:18 – *"El charlatán hiere con la lengua como con una espada, pero la lengua del sabio brinda*

alivio."

Proverbios 15:1 – *"La respuesta amable calma el enojo, pero la agresiva echa leña al fuego."*

Capítulo 5

El perdón
Deje que Dios controle su corazón

Información previa al vuelo

Los cristianos debemos ser las personas más condescendientes o perdonadoras ya que somos las personas más perdonadas del mundo. Nuestra experiencia, sin embargo, tiende a menudo a hacer que sea complicado perdonar a los demás con autenticidad y totalidad. A veces nos encontramos a nosotros mismos utilizando formas de perdón que no son ni bíblicas ni correctivas.

¿Te imaginas si Dios perdonara precisamente de la manera que usted estás perdonando a otros?

Cuando confiesa sus pecados a Él, y si el Señor te respondiera: "Te perdono, pero no puedo estar cerca de ti otra vez" ¿cómo te sentirías?

Muchos de nosotros creemos que perdonar es dejar que la otra persona sea "impune", soportando en repetidas ocasiones el dolor por su indiferencia hacia el evento que nos causó dolor.

Como creyentes, no debemos pasar por alto la conexión entre la absolución de Dios y nuestro perdón: *"Sean bondadosos y compasivos unos con otros, perdonándoos unos a otros, como Dios también os perdonó"* (Efesios 4:32). *"Perdonar como el Señor los perdonó"* (Colosenses 3:13b). Dios espera que usted y yo apliquemos completamente Sus principios cuando tenemos la oportunidad de perdonar a los demás.

¡No vayas solo! - *Nunca viajes solo*

Nuestra fuerza no es suficiente para otorgar perdón,

especialmente si la herida es profunda y fuimos traicionados (lastimados). A menudo pretendemos ocultar las heridas con una sonrisa, un apretón de manos, o un saludo diferente, pero el dolor del evento sigue profundamente incrustado en nuestro interior. Entonces, usted debe buscar el corazón de Dios para purificarse y comenzar la reconstrucción de confianza en la relación.

Ore que Dios intervenga para superar los pensamientos y sentimientos que le acosan. Tal vez su oración sería similar a esta:

> Dios, yo no puedo perdonar a él/ella/ellos por mí mismo. De hecho, Señor, yo no quiero perdonar a él/ella/ellos; él/ella/ellos no merecen perdón. Jesús, mi corazón dice que construya un muro de protección para que él/ella/ellos no puedan causarme más dolor y sufrimiento. Sé que tu Palabra dice que debo perdonar setenta veces siete, y si no, la relación entre Usted y yo estará fracturada. Señor, necesito Tu poder y ayuda para que mi corazón se ablande y no desee venganza. Cámbiame y yo perdonaré, como Tú me perdonaste, y ame a él/ella/ellos como Tú me amas.

Dios está ansioso por responder a su oración. Su gracia nos dará una nueva vida y aliento que nos permita conceder gracia y perdón a aquéllos que nos han hecho daño.

Transmita su llamada de socorro S.O.S. *(Comparta nuestra/su historia)*

¿Ha estado ausente el perdón en su matrimonio o vida? ¿Es el perdón una parte muy importante en su vida o su matrimonio? Elija una circunstancia difícil que superó en su matrimonio o familia. Cuente cómo Dios le trajo perdón y restauración.

¿Qué es el Perdón?

Para entender lo que el perdón es, en primer lugar debemos aclarar lo que no es. Algunas personas creen *erróneamente* que el perdón:

1) Es un sentimiento

2) Es olvidar

3) Es excusar

El perdón no es ninguno de ésos. Vamos a definir cada uno de estos puntos para entender mejor el perdón.

El perdón no es un sentimiento. Es un acto de nuestra voluntad y se trata de tomar una decisión. Nuestra primera decisión es reconocer que no podemos perdonar sin la ayuda de Dios. Él tiene que cambiar nuestro corazón, limpiar nuestros pensamientos y Él nos dará Su gracia. Una vez que decidimos aceptar Sus bendiciones, nosotros (por voluntad propia) elegimos permitir a nuestros pensamientos hablar de las cosas que nos han hecho daño o causado dolor.

Perdonar no es olvidar. El olvido es un proceso pasivo que nos permite borrar de la memoria los acontecimientos que causaron el dolor. Perdonar es un proceso activo, una acción que debe llevarse a cabo. En Isaías 43:25, Dios comparte, *"Yo soy el que borro tus rebeliones por amor de mí mismo, y no me acordaré de tus pecados."* Él está diciendo que como ya no presta atención a nuestro pecado, nosotros debemos hacer lo mismo porque aceptamos Su gracia.

El perdón no es excusar. El que excusa o dispensa dice: "Está bien", y le dice al infractor, "Lo que hiciste no estuvo mal", o tal vez, "No podías controlarlo, tampoco podías evitarlo." Ninguno de ellos podría estar más lejos de la verdad. Dado que el perdón es la voluntad de Dios porque algo malo debe haber ocurrido. Porque Dios nos ha perdonado, debemos perdonar al ofensor.

El perdón es:

1) Una decisión. La decisión de conceder el perdón puede exigir una gran esfuerzo, sobre todo si el dolor está aún fresco para nosotros. Haga la primera decisión para perdonar: Admita que usted no puede perdonar por su cuenta y pida a Dios que cambie su corazón. Que el Espíritu Santo le de poder, para que pueda comprometerse a perdonar al que le ofendió. A través del perdón, Dios quita las barreras que nuestros pecados han construido y Él abrirá la puerta para conectarse con Él.

2) Inmerecido y no puede ser ganado. Conceder el perdón puede parecer injusto porque esos delitos que deben ser perdonados, no merecen o no califican automáticamente para el perdón. Aunque, no merecemos la misericordia de Dios, Él constantemente nos la ofrece gratuitamente por gracia. No podemos ganar el amor con hechos, acciones o palabras. La misma gracia se debe conceder a la persona que nos hirió, no importa cuán profunda sea la herida.

3) Una oportunidad para glorificar a Dios. Esto explica que usted perdona, porque también Dios le ha perdonado incondicionalmente. Comparta la bondad de la muerte de Jesús en la cruz, y explique cómo su amor es la representación por su perdón. Esta explicación puede asegurarle, por primera vez, lo que Dios quiere decir cuando asevera: "Yo te perdono".

4) La cancelación de un deuda. Algunos signos de la falta de perdón: la retención del perdón, enfocarse en el delito o dolor, tener un corazón frío y hostil, destruir la relación, imponer un trauma emocional, difundir rumores, hablar mal de las personas, o buscar venganza contra el que te hizo daño.

Alguien dijo, "la falta de perdón es como tomar veneno, con la esperanza de que el ofensor se muera". Usted debe derribar las paredes que descansan entre usted y un pecador arrepentido.

5) *No es una cancelación automática al infractor de todas las consecuencias.* ¿Recuerda a los israelitas rebeldes y la proclamación de Dios que iban a morir sin entrar a la Tierra Prometida? (Números 14:20-23). ¿Recuerda el adulterio y el asesinato de David? Esto no quiere decir que Dios va a retener la misericordia; es decir, que Él quitará rápidamente y nos librará de las consecuencias de nuestros pecados. Sin embargo, usted puede decidir eliminar algunas de las consecuencias de las acciones del infractor si él está verdaderamente arrepentido. Por ejemplo, usted prestó una costosa chaqueta a un amigo para una ocasión especial. Cuando le devolvió, observó un gran desgarro en la manga. Su amigo es incapaz de pagar el costo de reparar el daño o reemplazar la chaqueta, pero él está realmente triste y arrepentido por lo que hizo. Entonces, usted decide perdonar o reemplazar la chaqueta por su propia cuenta, pero decide no prestarle nunca más a este amigo.

¿Cómo puedo perdonar? - *¿Está listo para el despegue?*

En Lucas 17:3, encontramos que el arrepentimiento debe preceder al perdón. Sin embargo, antes de salir corriendo a enfrentar a alguien, debe recordar que es conveniente pasar por alto algunos delitos menores (Proverbios 19:11). Como regla general, el delito debe ser pasado por alto si puede responder "no" a todas las siguientes preguntas:[1]

- ¿Es el delito una deshonra a Dios?
- ¿Se ha dañado de forma permanente a la relación?
- ¿Está dañando seriamente a otras personas?
- ¿Está dañando seriamente al malhechor?

El mantener la perspectiva de perdón es gratuito y es una promesa que usted hace a Dios. Por su gracia, usted busca retener un sentimiento amoroso y misericordioso hacia la persona que le ha hecho daño. Esto requiere la construcción y realización de la promesa inicial del perdón, en que no se centrará en el episodio de la herida o buscar venganza o represalia en el pensamiento, palabra u obra. En su lugar, usted ora por la persona y se prepara para que en cualquier momento pueda recibir la reconciliación completa tan pronto como él / ella se arrepiente. Esta postura le guardará del resentimiento y la amargura, incluso si el malhechor tarda mucho tiempo para arrepentirse.

Cinco puntos para llegar con seguridad

"Ceder a las demandas no significa que renunciamos amorosamente a nuestras preocupaciones. Debemos estar conscientes y atentos a nuestro propio interés y tener claro esa responsabilidad. Una persona con sabiduría rara vez cede a otros sin razón para hacerlo. Esta sabiduría buscará soluciones que honren a Dios que sean beneficiosas para muchas personas. El proceso se conoce como negociación cooperativa o una combinación de amor y sabiduría".[2] *En el libro de Ken Sandi, "El pacificador: Una guía bíblica para resolver conflictos personales", se utilizan cinco principios.*

1) Preparación - La preparación no puede ser pasada por

alto cuando se alista para la negociación. Revise todos los elementos disponibles para usted. Proverbios 14:8 y 14:22 pueden darle buenas referencias para tener en cuenta durante la revisión. Usted puede pensar que es una tontería, pero grandes abogados ganan como resultado de su preparación. Usted puede lograr un éxito similar al orar, recopilar los hechos, clasificar los problemas, buscar principios en las Escrituras, pensar en soluciones alternas, esperar oposición, pedir el tiempo y lugar correctos para reunirse, estructurar sus primeras observaciones, y finalmente buscar un orientación cristiana.

2) Afirmar las relaciones - Por lo general, los conflictos tienen dos componentes: un individuo y un dilema. Muchas veces nos olvidamos de las emociones y preocupaciones de los demás durante el proceso de negociación. Esto a menudo aumenta la ansiedad y la frustración, por lo que la solución es mucho más difícil. Para evitar este obstáculo, basta con afirmar a la persona durante el proceso.

La afirmación podría ser así:

"Tú eres mi mejor amigo. Nos conocemos desde la escuela primaria, hemos compartido dificultades, alegrías y desacuerdos. Porque valoro tu amistad quiero traer solución a este desafío".

3) Entender los intereses - Con el fin de comprender los intereses, primero tenemos que examinar los principios fundamentales: preocupaciones, posiciones e intereses. Una preocupación significa considerar como importante algo interesante que hacer, mientras que una posición es un punto de vista particular de una persona o una actitud hacia algo. Los intereses son el estado de querer saber o aprender acerca de algo o alguien.[3] Estas definiciones muestran cómo a menudo nuestros pensamientos e intenciones no siempre coinciden.

4) *Buscar soluciones creativas* - Mejor conocido como "lluvia de ideas", esta búsqueda implica a todos. Use la imaginación y la creatividad. Piense en más de una solución, pero es importante no tener miedo a combinar ideas. Trate de no concluir en este etapa. Enumere al menos diez puntos y los posibles remedios. Por ejemplo, una pareja no puede decidir dónde va a vivir después de casarse. Las opciones podrían incluir: vivir en su apartamento, vivir en la casa que posee, alquilar un apartamento, irse a vivir con uno de los padres, una casa rodante, vender su casa, comprar de un condominio, etc.

5) *Evaluar opciones* - Evaluar opciones objetivamente y razonablemente es el paso final. Ahora es el momento de discutir y eliminar las opciones que no funcionan. Escuche y preste atención a las objeciones y posiciones. Mantenga Mateo 7:12, tome en cuenta que el proceso continúa. Va a explorar el escenario en el paso #4 arriba. Ahora la pareja comienza a evaluar cada opción y eliminar los que no parecen encajar en sus sueños. Después de considerar a todos, se pueden dar cuenta que hay otra alternativa. Pueden alquilar la casa que ella posee para generar ingresos adicionales, y luego encontrar una residencia temporal hasta que termine la universidad y esté más segura donde ejercerá su carrera. Se han reducido las posibles soluciones a tres y ahora pueden decidir mejor. Así, han demostrado su capacidad para reconocer las diferencias, discutir posibles soluciones y desarrollar juntos el siguiente paso. ¡Esto es un éxito!

Restitución - *Un concepto bíblico importante*

Cuando una persona ha hecho daño a alguien, la Biblia dice: *"Deberá confesar su pecado y pagarle a la persona perjudicada una compensación por el daño causado, con un recargo del veinte por ciento."* (Números 5:7). ¿Recuerda cómo Zaqueo, el recaudador de impuestos, fue impulsado al arrepentimiento cuando Jesús llegó a Jericó? Zaqueo quería ver quién era Jesús, pero porque era bajo y no podía ver, se subió a un árbol. Cuando se acercó a Jesús, Él levantó la vista y ordenó a Zaqueo que bajara. Zaqueo dijo entonces: *"¡Mira, Señor. Aquí y ahora daré la mitad de mis bienes a los pobres, y si he defraudado a alguien por algo, le devolveré cuatro veces la cantidad!"* (Lucas 19:8).

La restitución tiene varios beneficios. Trata de restaurar a los heridos (afectados) a la posición anterior, la sociedad se beneficia al no permitir un comportamiento inaceptable, el delincuente tiene la oportunidad de enmendar su pecado, y ejemplifica a la sociedad que él o ella desea la restauración.

Vemos muchos ejemplos de restitución en toda la Biblia. Ejemplos en el Antiguo Testamento se encuentran en Éxodo 21:18-23, en lo que respecta a las lesiones personales. Deuteronomio 22:8 dice: *"Cuando edifiques una casa nueva, construye una baranda alrededor de la azotea, no sea que alguien se caiga de allí y sobre tu familia recaiga la culpa de su muerte."* Éxodo, Levítico y Números proporcionan muchos ejemplos de restitución. Los principales remedios para estos pecados son la confesión, el arrepentimiento y el perdón.

Muchas personas argumentan que la restitución no es un concepto del Nuevo Testamento. Sin embargo, se describe explícitamente en Mateo 5:17-20 y Jesús lo respalda en Lucas 19:10-10.

Ayuda en las tarjetas de navegación acerca del perdón

Piense en algo reciente que hizo y ofendió a su cónyuge y todavía no le ha pedido perdón. Aplique estos conceptos al pedir o conceder el perdón.

Lista de verificación

1) ¿Es fácil o difícil que usted perdone una falta a su pareja?

2) Para que usted pueda estar dispuesto a perdonar a alguien, ¿Qué debe hacer?

3) ¿Tiene usted algún rencor hacia su pareja o alguien?

Referencias bíblicas

Lucas 17:3-4 – *"Así que, ¡cuídense! »Si tu hermano peca, repréndelo; y si se arrepiente, perdónalo. Aun si peca contra ti siete veces en un día, y siete veces regresa a decirte "Me arrepiento", perdónalo."*

Lucas 23:34 – *"—Padre —dijo Jesús—, perdónalos, porque no saben lo que hacen. Mientras tanto, echaban suertes para repartirse entre sí la ropa de Jesús."*

Lucas 6:28 – *"bendigan a quienes los maldicen, oren por quienes los maltratan."*

Colosenses 3:13 – *"de modo que se toleren unos a otros y se perdonen si alguno tiene queja contra otro. Así como el Señor los perdonó, perdonen también ustedes."*

Daniel 9:9 - *"Pero aun cuando nos hemos rebelado contra ti, Tú, Señor nuestro, eres un Dios compasivo y perdonador."*

Mateo 18:21-22 – *"Pedro se acercó a Jesús y le preguntó: — Señor, ¿cuántas veces tengo que perdonar a mi hermano que peca contra mí? ¿Hasta siete veces? No te digo que hasta siete veces, sino hasta setenta y siete veces —le contestó Jesús—."*

Mateo 7:12 – *"Así que en todo traten ustedes a los demás tal y como quieren que ellos los traten a ustedes. De hecho, esto es la ley y los profetas."*

2 Samuel 12:11-14, 2 Samuel 13:1-39 y 2 Samuel 16:21-22.

Proverbios 19:11 – *"El buen juicio hace al hombre paciente; su gloria es pasar por alto la ofensa."*

Marcos 11:25 – *"Y cuando estén orando, si tienen algo contra alguien, perdónenlo, para que también*

su Padre que está en el cielo les perdone a ustedes sus pecados"

Recursos recomendados

Kendall, Jackie. *Free Yourself to Love: the Liberating Power of Forgiveness*. New York: Faith Words, 2009

Sande, Ken. The Peacemaker: *A Biblical Guide to Resolving Personal Conflict*. 3rd ed. Grand Rapids, MI: Baker, 1997. Sixth Printing, October 2006.

Eggerichs, Emerson. Love & Respect: *The Love She Most Desires, the Respect He Desperately Needs*. Nashville, TN: Integrity, 2004. Print.

Smalley, Gary, and Ted Cunningham. *From Anger to Intimacy: How Forgiveness Can Transform Your Marriage*. Vereeniging: Christian Art, 2010. Print.

Rodgers, Beverly, and Tom Rodgers. *Becoming a Family That Heals*. Carol Stream, IL: Tyndale House, 2009. Print.

Kendall, R. T. *God Gives Second Chances*. Lake Mary, FL: Charisma House, 2008. Print

Referidos no disponibles en español

Amor y Respeto - Este ministerio ofrece materiales, artículos y conferencias diseñadas para ayudar a los que ya están casados para enriquecer su relación, y para aquéllos que están considerando el matrimonio.

Chequeo para las Parejas - Una evaluación de los matrimonios para ayudar a las parejas a discernir sus fortalezas y áreas de crecimiento.

El Matrimonio Vivo - El sitio de Dave y Claudia Arp, un equipo compuesto por el esposo y la esposa, que se esfuerzan por ayudar a las parejas a construir mejores matrimonios y mejores familias.

Capítulo 6

La administración del dinero

"Estad en guardia contra toda avaricia; la vida no consiste en la abundancia de bienes"

~ Lucas 12:15 ~

Información previa al vuelo

El dinero es esencial en nuestras vidas. ¿Sabía usted que el dinero se menciona más de 2.300 veces en la Biblia? Jesús habló más sobre el dinero que del cielo y el infierno combinado. La mayor parte de nuestro tiempo (casi el 80%) se pasa en el trabajo, gastando dinero y en pensamientos relacionados al dinero.

A veces usamos nuestro dinero para cubrir las necesidades de los demás, también se usa para compartir la Palabra de Dios en el hogar y las misiones, o invertir en nuestro futuro. Cuando el dinero es gastado en forma inadecuada, puede conducir a conductas adictivas, ser un serio problema en el matrimonio y presentar un sentido artificial de confianza.

"Yo tenía más de dos tercios de mi ingreso disponible para otros fines, y mi experiencia fue que cuanto menos gaste en mí mismo y cuanto di más a los demás, la más completa felicidad y bendición vino a mi alma"[1]

~ Hudson Taylor ~

Tanto la falta de valores en las finanzas familiares, como la falta de habilidades administrativas en el control de las necesidades financieras son las dos mayores causas de dificultades en los matrimonios. Ron Blue y Jeremy White, autores de *Finanzas de la familia basados en la fe*, citan un estudio realizado por el Citibank, una de las redes financieras más importantes del mundo dice: *"el 56% de los divorcios tienen a las finanzas como un factor importante."*[2] Muchas veces las discusiones sobre el dinero y las finanzas crean conflictos y estrés en otras áreas del matrimonio.

Nota: Un estudio en el 2010 de la Academia Americana de Abogados Matrimoniales indica que en casi el 70% de los divorcios tuvieron como un factor importante el mal uso de los medios sociales.

Factores estresantes comunes - *Un mantenimiento deficiente puede causar un vuelo tormentoso*

1) La insuficiencia de fondos para cubrir la deudas durante períodos largos puede disminuir el deseo sexual.

2) La tensión financiera puede causar que los cónyuges reaccionen con enojo entre ellos, que usen voz alta y palabras hirientes hasta con provocación .

3) La ansiedad sobre asuntos de dinero puede inducir a un mayor consumo de bebidas alcohólicas, de drogas y fumar.

4) Los cónyuges pueden culparse entre ellos por los problemas financieros, causando más conflictos en la relación.

5) La tensión persistente aumenta la probabilidad de serios problemas de salud, incluyendo la depresión, enfermedades del corazón y la obesidad.

Las discusiones sobre el dinero pueden implicar:

1) Fusión de fondos

   o La filosofía entre profesionales puede variar entre 'no lo hagas' a 'sí, es necesario.'

   o Algunas parejas luchan con la idea de tener una cuenta conjunta.

   o Algunas parejas creen que el banco les ayuda individualmente a mantener su independencia financiera.

2) Las deudas

   o Una vez que se casan, es posible asumir las deudas de su cónyuge.

   o Una deuda abultada es a menudo causada por el uso irresponsable de las tarjetas de crédito.

   o Las parejas ya casadas deben tratar de pagar rápidamente las deudas existentes.

3) Presupuesto

   o Es muy importante tener un presupuesto, esto les ayuda a realizar un registro de sus ingresos y gastos, y les mantiene informados de lo que pagan o pueden pagar.

   o Los hombres y las mujeres pueden gastar cantidades similares, pero cada uno gasta de una manera diferente.

   o Las mujeres gastan típicamente en comida, ropa, y cosas para el hogar, pero los hombres podrían gastar en equipos electrónicos modernos.

   o Al no tener presupuesto o disciplina al gastar, los

gastos son impredecibles como en cosas que probablemente no deben permitirse.

4) Inversiones

o Trabajar con un asesor financiero podría ayudar a determinar la estrategia de inversión correcta para ustedes.

o Discutan las perspectivas de cada persona sobre los riesgos de una manera abierta.

o Revise sus inversiones al menos una vez al año.

o La pareja debe discutir juntos sus objetivos de inversión.

5) Secretos financieros[3]

o La cantidad de deuda debido a las tarjetas de crédito.

o Los secretos financieros no son una cuestión de género.

o Dar dinero a los hijos(as) sin el conocimiento de su cónyuge.

Sugerencias para el manejo del dinero de Dios

Muchas parejas piensan que obtener más dinero les traerá una mayor felicidad y logro. No es completamente cierto. Mateo 6:24 revela una simple verdad acerca del dinero: *"Nadie puede servir a dos señores, pues menospreciará a uno y amará al otro, o querrá mucho a uno y despreciará al otro. No se puede servir a la vez a Dios y a las riquezas".* Simplemente, usted no será capaz de honrar y servir plenamente a Dios hasta que usted ponga sus finanzas en la perspectiva adecuada de su vida y su matrimonio.

Cada pareja está propensa a problemas relacionados con el dinero. Las crisis financieras pueden ocurrir debido a las enormes facturas médicas, reparaciones de los vehículos, y la pérdida de empleo. Muchas parejas no se preparan y luego recurren a las tarjetas de crédito, préstamos, familia y otros medios, lo que resulta en una enorme deuda. Si esta situación te ocurre, es posible salir de ella pero tomará determinación, una lucha cuesta arriba y la promesa de estar mejor equipados para futuras dificultades financieras. Si ya han superado esos momentos difíciles, ahora pueden realizar una mejor planificación para que nunca vuelva a ocurrir.

Trece principios bíblicos para una buena administración financiera:

1) **Lucas 12:15** - *"¡Tengan cuidado! —advirtió a la gente—. Absténganse de toda avaricia; la vida de una persona no depende de la abundancia de sus bienes.".* No debemos depender únicamente del dinero, las posesiones materiales, y las finanzas. Debemos guardar nuestros corazones contra la codicia y el deseo de poseer cosas materiales.

2) **Proverbios 28:22** - *"El tacaño ansía enriquecerse, sin saber que la pobreza lo aguarda".* Buscar el dinero por sí solo, les traerá dificultades en el futuro. Desarrollen la actitud de "dar" y serán bendecidos.

3) **Proverbios 3:9** - *"Honra al SEÑOR con tus riquezas y con los primeros frutos de tus cosechas".*

4) **Malaquías 3:10** - *"Traigan íntegro el diezmo para los fondos del templo, y así habrá alimento en mi casa. Pruébenme en esto —dice el SEÑOR Todopoderoso—, y vean si no abro las compuertas del cielo y derramo sobre*

ustedes bendición hasta que sobreabunde". El diezmo es un honor y un privilegio. Dios nos da el 90% de los fondos que recibimos, nos pide devolver sólo el 10%. Muchas parejas comienzan con poco y luego aumentan sus donaciones, impresionados por la forma en que Dios les honra por su fidelidad. Si el concepto del diezmo es nuevo para usted: pruébelo. Empiece a dar cosas pequeñas y aumente dando poco a poco, pronto vera lo que Dios hace por ti.

5) **Deuteronomio 8:18** - *"Recuerda al SEÑOR tu Dios, porque es él quien te da el poder para producir esa riqueza; así ha confirmado hoy el pacto que bajo juramento hizo con tus antepasados"*. Dios es el única fuente de nuestros talentos y habilidades para producir ingresos. El hombre nos fallará cada vez que empezamos a depender en ellos. La promesa de Dios sigue siendo fuerte hoy, tanto como lo fue para nuestros antepasados.

6) **Mateo 6:34** - *"Por lo tanto, no se angustien por el mañana, el cual tendrá sus propios afanes. Cada día tiene ya sus problemas"*. Esta es la promesa de Dios para nosotros, El cuidará de nosotros cada día. No tenemos que estar preocupados por el mañana; mañana traerá retos y problemas, pero cuando nos rendimos a Él, el mañana no va a ser nuestra preocupación.

7) **Proverbios 22:7** - *"Los ricos son los amos de los pobres; los deudores son esclavos de sus acreedores"*. Utilice los recursos ajenos con extrema precaución. Pida prestado sólo para aquellos artículos que aumentarán de valor, no para los que se deprecian.

8) **Lucas 16:10** - *"El que es honrado en lo poco, también lo será en lo mucho; y el que no es íntegro en lo poco, tampoco lo será en lo mucho"*. La falta de honradez en las

pequeñas cosas puede llevar a convertirnos en poco fiables en la abundancia. Si somos fieles y de confianza con las pequeñas cosas de nuestra vida, Dios nos recompensará con bendiciones que todavía están por llegar.

9) **Colosenses 3:23-24** - *"Hagan lo que hagan, trabajen de buena gana, como para el Señor y no como para nadie en este mundo, conscientes de que el Señor los recompensará con la herencia. Ustedes sirven a Cristo el Señor".* Si hace su trabajo con la actitud de que trabaja para Cristo, no para los hombres, va a servir con un corazón lleno de amor. Será feliz en todo lo que hace, sabiendo que el Señor será su fuente de recompensa.

10) **Filipenses 4:12** - *"Sé lo que es vivir en la pobreza, y lo que es vivir en la abundancia. He aprendido a vivir en todas y cada una de las circunstancias, tanto a quedar saciado como a pasar hambre, a tener de sobra como a sufrir escasez".* Hay que aprender a estar contento con lo que se tiene. Este es un gran paso para confiar más en Dios y en su provisión. Recuerde que cada día, Él nos da nuestras 'necesidades', no siempre lo que 'queremos'.

11) **Hechos 20:35** - *"Con mi ejemplo les he mostrado que es preciso trabajar duro para ayudar a los necesitados, recordando las palabras del Señor Jesús: Hay más dicha en dar que en recibir".* No importa lo poco o mucho que tengamos, dando siempre podemos hacer que alguien se sienta especial. Cuando se da como un acto de bondad, no sólo será bendecido el destinatario, sino también el dador experimenta una recompensa.

12) **Romanos 13:8** - *"No tengan deudas pendientes con nadie, a no ser la de amarse unos a otros. De hecho, quien ama al prójimo ha cumplido la ley".* Siempre debemos honrar los compromisos financieros. La única deuda que

podemos tener es la del amor incondicional por los demás, lo mismo que Cristo nos ama.

13) **Proverbios 13:22** - *"El hombre de bien deja herencia a sus nietos; las riquezas del pecador se quedan para los justos".*

"Si yo no hubiera diezmado del primer dólar que hice, yo no habría diezmado del primer millón de dólares que hice."[4]

~ John D. Rockefeller ~

Ejercicios para el vuelo

• Anote las cosas materiales que Dios le ha bendecido.

• Ore buscando la ayuda de Dios para cambiar su corazón y poder decir: "tengo suficiente".

• ¿Qué es lo más preciado en su vida?

• ¿Su actitud hacia el dinero refleja sus valores?

• ¿Cuánta deuda tiene usted? ¿Cómo planea reducirlo?

• ¿Confía en que Dios proveerá todas sus necesidades? Si no es así, ¿cuáles?

• ¿Qué valores en su familia de origen, con respecto al dinero influyeron durante su crecimiento?

• ¿Cómo están afectando hoy?

Cuándo buscar ayuda externa - *Cuando transferir los controles*

Muchas parejas retrasan la búsqueda de ayuda externa con respecto a la situación financiera hasta que el nivel de frustración alcanza el punto crítico. La discusión de una separación o divorcio se convierte en el tema más dominante después de las finanzas. Muchas iglesias tienen ministerios para ayudar en las finanzas. Otros ofrecen consejeros cristianos bien versados en la planificación y asuntos financieros, sin costo alguno. Tenga mucha precaución en la utilización de las numerosas organizaciones que anuncian la libertad financiera, consolidación de deudas y más. Investigue sus credenciales, licencias y denuncias presentadas a través del Departamento de Estado de Negocios y Regulación Profesional. Independientemente de su situación financiera, busquen la sabiduría de Dios mediante la oración y un profesional cristiano competente, antes que el estrés se vuelva abrumador.

Lista de verificación

1) ¿Son sus prioridades de gastar considerablemente diferentes a las de su cónyuge? ¿Cuáles son los factores más importantes que influyen en cada una de sus decisiones?

2) ¿Han sido ambos completamente transparentes acerca de sus ingresos, deudas, gastos e intenciones financieras?

3) Los gastos como la vivienda, seguros, mantenimiento de vehículos, ropa, visitas médicas / dentales, impuestos, alimentos, educación y los niños afectarán a todos los matrimonios en algún momento. ¿Han discutido estos gastos en extensión y detalle?

4) ¿Cómo se va a discutir regularmente sus deudas y gastos?

5) ¿Han desarrollado un presupuesto y un plan financiero en detalle? ¿Necesita ayuda?

6) ¿Tiene alguna preocupación significativa sobre sus

finanzas? ¿Y en el futuro?.

Referencias bíblicas

Hebreos 13:5 – *"Manténganse libres del amor al dinero, y conténtense con lo que tienen, porque Dios ha dicho: «Nunca te dejaré; jamás te abandonaré.»"*

Lucas 16:13 – *"»Ningún sirviente puede servir a dos patrones. Menospreciará a uno y amará al otro, o querrá mucho a uno y despreciará al otro. Ustedes no pueden servir a la vez a Dios y a las riquezas.»"*

Proverbios 13:11 – *"El dinero mal habido pronto se acaba; quien ahorra, poco a poco se enriquece."*

Proverbios 22:7 – *"Los ricos son los amos de los pobres; los deudores son esclavos de sus acreedores."*

Lucas 21:1-4 – *"Jesús se detuvo a observar y vio a los ricos que echaban sus ofrendas en las alcancías del templo. También vio a una viuda pobre que echaba dos moneditas de cobre. —Les aseguro —dijo— que esta viuda pobre ha echado más que todos los demás. Todos ellos dieron sus ofrendas de lo que les sobraba; pero ella, de su pobreza, echó todo lo que tenía para su sustento."*

Recursos recomendados

Blue, Ron, and Jeremy White. *Faith-based Family Finances*. Carol Stream, IL: Tyndale House, 2008

Alcorn, Randy C. *The Treasure Principle*. Sisters, OR.: Multnomah, 2005.

Alcorn, Randy C. *Managing God's Money: A Biblical Guide*. Carol Stream, IL: Tyndale House, 2011.

Capítulo 7

La internet, los medios sociales y los amigos

Protección de su trayectoria en un vuelo intercontinental

Información previa al vuelo

La era electrónica desde hace unos 20 años ha traído consigo muchos nuevos desafíos para los matrimonios. Es cierto que el uso de la internet, los medios de comunicación social, y las fuentes de información electrónicas son ahora una "necesidad" en nuestras actividades diarias. Cuando son utilizadas correctamente y adecuadamente, cada pareja puede beneficiarse de las aplicaciones disponibles. Un estudio en el 2010 de la Academia Americana de Abogados para Matrimonios indica que en casi el 70% de los divorcios el mal uso de los medios sociales fue un factor.[1] Mientras que un estudio realizado por el Citibank, la red financiera más grande del mundo sugiere que *"en el 56% de los divorcios, las finanzas fueron un factor importante"*.[2]

Más personas se están conectando con un círculo mucho más amplio de "amigos", "conexiones", "contactos", "seguidores" y otros descriptores como nunca antes. Utilizamos las redes sociales, mensajes de texto y correo electrónico para mantenernos en contacto, publicar eventos, hace publicidad de nuestro negocio, y volvernos a conectar con la gente de nuestro pasado -con algunos de ellos incluso tuvimos algún interés de amor-.

Las parejas deben establecer y acordar límites para vigilar y proteger la santidad de su matrimonio como está definida por Dios. La tentación de conectarse con miembros del sexo opuesto crece más con cada acceso a las redes sociales. El potencial para ser infiel se hace extremadamente fácil cuando se utilizan las redes sociales de manera inapropiada. El resultado final: los medios sociales se convertirán en lo que usted permita que sea. Cuídese y proteja a su cónyuge. El pecado y la vergüenza se esconden en el siguiente acceso que usted podría tener.

Aquí hay algunas pautas realistas para pensar:

(1) **Reglas visuales de vuelo**. Pasar demasiado tiempo en cualquier actividad puede ser perjudicial y dolorosa para la relación. Un reto importante que las parejas casadas enfrentan hoy en día es encontrar tiempo para pasar con los amigos. Lamentablemente muchos no saben administrar su tiempo y pierden mucho tiempo con las redes sociales, lo cual no edifica a su matrimonio. Por ejemplo, tenemos un amigo que pasa cerca de nueve horas diarias dedicadas a algún tipo de actividad en los medios sociales (Facebook, Twitter, Pinterest, y más). Meditemos por un momento, ¿porqué esta persona se ha "aislado" de su esposa, y su relación de pareja es tan pobre?

(2) **Ayuda táctica de navegación**. Las redes sociales no son los lugares adecuados para exponer las quejas acerca de su cónyuge ya que pueden causar malas interpretaciones o vergüenza. Pero se puede mostrar algún aspecto positivo de su matrimonio, ya sea en las redes sociales o en cualquier otro lugar público. Trágicamente, existen sitios en la internet diseñados específicamente para humillar y avergonzar a las personas, y estos ganan más popularidad cada día.

(3) **Situación del tránsito**. Los medios sociales hacen que sea divertido y fácil compartir nuestras vidas con amigos, familiares y otros Debido a esta simplicidad -por no hablar de la misteriosa sensación que produce- algunas personas son a menudo alentadas a compartir detalles acerca de ellos mismos y de sus actividades diarias. Si bien esto puede ser inocente y libre de riesgos, de hecho, tiene el potencial de poner en

peligro la intimidad única que debería estar salvaguardada para su matrimonio. Sea reflexivo y cuidadoso acerca de lo que comparte y con quién.

(4) **Configuración de la pista**. Los cónyuges deben ponerse de acuerdo respecto a las opciones disponibles en las redes sociales. ¿Cómo? Simplemente hablando de esto. ¿Hay contactos actuales o potenciales en las redes sociales con los que uno se siente incómodo? ¿Tiene algún tipo de comunicación que cualquiera de ustedes considera 'intocable' con su pareja, que pueda dar lugar a comunicarse con las personas del sexo opuesto (por ejemplo, correo electrónico, mensajes de texto, chat)? ¿Qué detalles de la información privada y familiar podrían publicarse en la internet?

(5) **Codificado de las rutas de salida**. Compartan las contraseñas de cada uno para todos los dispositivos y las cuentas, incluida la concesión a un acceso ilimitado y sin previo aviso. ¿Tienen cuentas de redes sociales en forma individual o compartida? Compartir las contraseñas con su cónyuge indica confianza, apertura, compromiso y responsabilidad. Esto valida e informa que sus conexiones en las redes sociales son apropiadas, y no tienen nada que ocultar. ¿Puede usted imaginar la razón por la que alguien de la pareja casada no le gustaría compartir sus contraseñas? La respuesta a esta pregunta puede ser reveladora.

(6) **Fuera de servicio**. Es absolutamente peligroso conectarse con antiguas relaciones amorosas, intereses románticos, o cualquier persona con quien usted haya compartido una estrecha relación en el pasado. Este tipo de comportamiento fomenta una amenaza para su vida matrimonial, dando lugar a sospechas, inseguridad o temor a su cónyuge. No vale la pena el riesgo de permitir avances no deseados, ideas y sentimientos confusos. Estas tentaciones son un riesgo significativo, incluso

si su motivo para la conexión no se originó con intenciones impuras.

(7) Elija sus "pasajeros" con prudencia. Por último, es su decisión y responsabilidad acordar a quién añade como amigo o seguidor en las redes sociales. Una vez que la conexión está completa, estas personas tienen admisión a su vida. Recuerde que usted siempre puede identificar a alguien que participa en forma desagradable con su cónyuge o usted mismo. Cualquier persona que pueda causar malestar a la relación con su cónyuge, no vale la pena tenerle como conexión.

"El mantenimiento de la privacidad en las redes sociales es muy similar a colgar la ropa sucia en una carretera o cartelera, y luego pedir que sólo sus amigos lo miren"[3]

~ Rico Mogal ~

Separe su cubierta de vuelo de los pasajeros. La personalización de la configuración de privacidad varía según el proveedor de los medios de comunicación social. Twitter tiene una sola opción: en la página "configuración", usted elige a su "tweet o seguidor", para proteger su privacidad sólo la gente que usted "acepta" puede verle. Uno de los proveedores más complicados es LinkedIn. La configuración de privacidad está desplegada en más de nueve diferentes maneras. Facebook supuestamente simplifica la configuración de su privacidad a sólo cuatro niveles.

Independientemente de lo que el proveedor de los medios de comunicación social hacen, es vital descubrir cómo navegar hasta la configuración de privacidad. Por cierto, Google parece ser casi tan simpático como Twitter.

He aquí una lista parcial de las opciones de privacidad para revisar y ajustar a su satisfacción:

- ¿Quién puede leer su perfil?

- ¿Quién puede ver sus publicaciones y actividades?

- ¿Qué información se comparte con los sitios externos y empresas?

- ¿Qué aplicaciones pueden tener acceso a sus datos?

- ¿Qué información pueden sus amigos compartir acerca de usted?

- ¿Quién puede ver sus imágenes, fotos, y/o ubicación?

- ¿Qué sitios se integran con su red social?

La mayoría de los proveedores ofrecen varios niveles de privacidad: una para los amigos (o contactos inmediatos), amigos de amigos (o contactos de segundo grado), terceros y todos los demás en el mundo. Cada proveedor tiene un nombre único para sus conexiones (Facebook tiene "amigos", LinkedIn tiene "conexiones", Pinterest tiene "seguidores", etc.).

Lo más importante es lo que escribe en su perfil. Algunos proveedores le hacen revisar toda la información presentada. Sin embargo, no hay una estandarización de datos. He aquí un consejo: Si usted no quiere que alguien lo vea, no de la información. Revise la configuración de privacidad y asegúrese con frecuencia que la información de su privacidad está establecida en la forma en que usted desea y la información disponible está protegida a su satisfacción.

Para la navegación en las redes sociales

Tenga en cuenta estas áreas para discutir:

1) Revise su perfil y fotos en los medios sociales para asegurarse que reflejan adecuadamente quien es usted, como una pareja casada, en lugar de como individuo.

2) Limitar el uso de la computadora en lugares

públicos, y no en áreas privadas de la casa.

3) Deje muy claro que usted está casado en su página. Utilice fotos de los dos.

4) No se ponga a la defensiva si su cónyuge cuestiona alguna de sus actividades. Véalo como un esfuerzo para proteger su relación. Ayude a su pareja a afirmar con sus acciones, que su matrimonio es de suma importancia.

5) Comprométase a ser honesto, íntegro y actué con total transparencia en todo el uso de las redes sociales, mensajes de texto, correo electrónicos, etc.

6) Si usted supone que algo no está bien, hable de su incomodidad o desacuerdo con su cónyuge. Si no puede ponerse de acuerdo, busque ayuda en una consejería competente.

Referencias bíblicas

1 Corintios 15:33 - *"No se dejen engañar: «Las malas compañías corrompen las buenas costumbres.»"*

Cantar de los cantares de Salomón 2:15 – *"Atrapen a las zorras, a esas zorras pequeñas que arruinan nuestros viñedos, nuestros viñedos en flor."*

Job 1:8-9 – *"¿Te has puesto a pensar en mi siervo Job? — volvió a preguntarle el SEÑOR —. No hay en la tierra nadie como él; es un hombre recto e intachable, que me honra y vive apartado del mal. Satanás replicó: —¿Y acaso Job te honra sin recibir nada a cambio?"*

Efesios 4:29 - *"Eviten toda conversación obscena. Por el contrario, que sus palabras contribuyan a la necesaria edificación y sean de bendición para quienes escuchan."*

Recursos recomendados

Jenkins, Jerry B. Hedges: *Loving Your Marriage Enough to Protect It*. Wheaton, IL: Crossway, 2005.

Krafsky, K. Jason., and Kelli Krafsky. *Facebook and Your Marriage*. Maple Valley, WA: Turn the Tide Resource Group, 2010.

Capítulo 8

Impacto de la convivencia, unión libre o concubinato

Información previa al vuelo

¿Alguna vez miró a escondidas antes de tiempo un regalo que ibas a recibir (por ejemplo, antes de su cumpleaños)? Esto le hizo saber de antemano qué era el regalo y estropeó la sorpresa al recibirlo. Vivir juntos es como abrir un regalo maravilloso antes de su tiempo. Se mira a escondidas antes de tiempo, se desenvuelve el regalo especial, y luego se vive con las consecuencias.

Las tasas de convivencia se han multiplicado desde la década de 1960 cuando las culturas occidentales comenzaron a desechar las costumbres sexuales tradicionales, durante el mismo período también se produjo un aumento en los divorcios. En esta sección se analiza cómo una pareja puede haber decidido convivir, cuestiones que éstos suscitan, y el impacto que ha tenido sobre su relación.

La Biblia dice en Hebreos 13:4, *"Tengan todos en alta estima el matrimonio y la fidelidad conyugal, porque Dios juzgará a los adúlteros y a todos los que cometen inmoralidades sexuales"*. Dios bendice y llena de dicha a la pareja que se mantiene pura en sus relaciones. También desea perdonar a la pareja que está dispuesta a arrepentirse (y alejarse) de su pecado y comenzar su relación de nuevo.

El compromiso bíblico es siempre de pureza sexual como la voluntad de Dios para nuestras vidas. El pastor Jeff VanGoethem dice: *"La simple verdad es que la práctica de la cohabitación o convivencia no sigue la sabiduría de Dios, acerca de establecer relaciones amorosas permanentes. No es de extrañar que fallen tan rápido como empezaron."*[1]

En las parejas que hemos dado consejería, hay una gran diferencia en la vitalidad espiritual y relacional observada entre aquéllos que han tenido relaciones sexuales fuera del matrimonio, y los que entran vírgenes en el matrimonio.

Si uno mira a la convivencia, cohabitación, unión libre o concubinato desde una perspectiva bíblica y secular, la abrumadora evidencia sugiere que no es una opción sabia.

Datos acerca de la convivencia - *"La ruta de vuelo imperfecta"*

Aunque prácticamente todos los estudios muestran que la convivencia (cohabitación, unión libre o concubinato) es perjudicial para la relación matrimonial, alrededor de dos tercios de las parejas casadas cohabitan antes del matrimonio en los Estados Unidos. A continuación se presentan algunas áreas de la relación que los investigadores encontraron que están afectadas por la cohabitación.

Tenga en cuenta que algunos estudios[2] recientes han dado resultados contradictorios acerca de las parejas que viven juntos, pero que tienen una fecha específica programada para la boda. Incluso no había un efecto tan negativo en las parejas. De todas maneras, la cohabitación o convivencia sigue siendo moralmente incorrecto.

Índice superior de rompimiento o tasa de divorcio - El mito de "prueba antes de comprar"

Hoy en día, la mayoría de los jóvenes creen que vivir juntos primero es útil para determinar si el matrimonio puede durar. Eso está lejos de la verdad. Si bien puede parecer razonable "probar el zapato antes de decidir si vas a comprarlo", es imposible "probar" la permanencia. Los matrimonios no son los zapatos. Los zapatos pueden ser desechados sin que nadie salga herido

Por su propia naturaleza, probar una relación a través de la convivencia resulta en una relación egoísta basada en la satisfacción propia y resultados personales, que tiene muchas probabilidades de fracasar. Eso está muy lejos de la fundamentada en el compromiso y el pacto de un verdadero matrimonio. Cuando cohabitan, las parejas suelen centrarse en la obtención de sus propias satisfacciones y ventajas económicas, no *de la otra persona*. El matrimonio requiere que los cónyuges se centren en proporcionar la satisfacción *a la otra persona* y solo como resultado recibir satisfacción propia.

1) Cuidado cuando falla el motor. La convivencia aumenta la tasa de divorcios de los que finalmente se casan a alrededor del 65%.[3] Otros estiman que el aumento de los divorcios después de la cohabitación son entre el 50% y 100% más altos comparado con las parejas que no han vivido juntos[4]. Este resultado se observó en estudios realizados en los Estados Unidos, Canadá, Nueva Zelandia y varios países[5] europeos. ¿Por qué es esto así? Aparentemente, las parejas no se dan cuenta que lo que está probando es el compromiso: el pegamento que mantiene unido a un matrimonio.

2) Los riesgos son aún mayores para las parejas afroamericanas. Como se informó en el "Diario del matrimonio y la familia", el 70% de los dos cohabitantes blancos y negros creen que eventualmente se casarán con su pareja. En realidad, sólo el 60% de los blancos y menos del 20% de los negros finalmente se casan.[6]

3) Los aterrizajes forzosos suelen ser mortales. De cada

100 parejas que cohabitan, 40 terminan antes de casarse, y (con altas tasas de divorcio) 45 de los 60 que se casan, se divorcian. Esto deja a sólo 15 de cada 100 parejas que siguen juntos después de diez años. La cohabitación no es un "matrimonio en prueba", sino un "divorcio en prueba."[7]

4) Un estudio en más de 8.000 hombres y mujeres que nunca se casaron hecha por la Universidad de Western Ontario encontró una relación directa entre la cohabitación y el divorcio. Se determinó que la convivencia "tiene un impacto negativo directo en la posterior estabilidad matrimonial", porque viven en una unión que "socava la legitimidad del matrimonio formal" y "reduce el compromiso del matrimonio."[8]

5) El Dr. Scott Stanley de la Universidad de Denver informó en su libro, ' El poder del compromiso", que "los hombres eran menos dedicados en sus matrimonios cuando han vivido con sus parejas antes del matrimonio."[9] Si una pareja convive antes del matrimonio, ambos son más propensos a ser infieles después del matrimonio.

6) Cuanto más largo sea la experiencia de la cohabitación, hay más probabilidad que las personas casadas cuestionen el valor de permanecer en el matrimonio. Las parejas que no cohabitan antes del matrimonio, por otra parte, son más propensos a aceptar que los pequeños factores de estrés son parte del costo normal del compromiso o cometido de permanecer en el matrimonio.[10]

Impacto psicológico adverso -*"Turbulencia intelectual"*

1) Las mujeres que cohabitan tienen tasas de depresión tres veces más altas que las mujeres casadas (Instituto

Nacional de Salud Mental)[11]. También, cuanto más tiempo las parejas conviven, mayor será la probabilidad de depresión.[12]

2) Un estudio realizado por el Consejo Nacional de Relaciones Familiares (basado en 309 parejas de recién casados) encontró que los que convivían antes del matrimonio eran menos felices.[13]

3) Nuestras discusiones con las parejas indican que las mujeres tienden a ver la convivencia como un trampolín para el matrimonio, mientras que para sus compañeros era la conveniencia de tener sexo disponible y fácil, y compartir los gastos. Esta diferencia de perspectiva conduce a menudo a una gran decepción especialmente para las mujeres que cohabitan.

Comunicación reducida -*"Es difícil escuchar a la torre de control"*

1) La Dra. Catherine Cohan y Stacey Kleinbaum de la Universidad Estatal de Pennsylvania entrevistaron a 92 parejas casadas por menos de dos años, y encontraron que los que vivieron juntos durante sólo un mes antes de la boda mostraron una comunicación más pobre y menos habilidades para resolver problemas que los que nunca vivieron juntos. "En general, descubrieron que aquéllos que vivieron juntos antes del matrimonio eran más agresivos verbalmente, más hostiles, y eran de menos apoyo a sus parejas, que los que esperaron hasta la boda para vivir juntos. El problema, según los autores, podría ser que las personas que viven juntas sin el beneficio del matrimonio tienen menos compromiso con su pareja, por lo que no se esfuerzan mucho por la relación. Resumió su investigación diciendo: Acabamos de aprender que las

personas que vivían juntas primero tenían habilidades de comunicación mas pobres".[14]

2) El 60% de los que habían cohabitado antes del matrimonio eran más agresivos verbalmente, eran de menos apoyo a su pareja, y mucho más hostiles que el 40% de los cónyuges que no habían vivido juntos.[15]

3) Las personas que vivieron juntos antes del matrimonio tienen una comunicación más deficiente que los matrimonios que no vivieron juntos.[16]

Reducción de calidad relacional -*"El tiempo tormentoso está por delante"*

1) La cohabitación (también llamado: convivencia, unión libre o concubinato) se asocia con menores niveles de satisfacción relacional.[17]

2) La cohabitación se asocia con una mayor inestabilidad relacional percibida.[18]

3) La cohabitación se asocia con menores niveles de dedicación a la pareja.[19]

4) La sabiduría mundana dice que es aceptable tener un "período de prueba" o "prueba un coche antes de comprarlo." Para el matrimonio, sin embargo, ¡todo lo contrario es cierto!. "Una pareja recién casada hace un esfuerzo más deliberado porque sabe que su relación es para toda la vida. Quieren construir compatibilidad con cometido y compromiso, no probarlo."[20] Proverbios 14:12 nos recuerda: "Hay caminos que parecen derecho al hombre, pero al final son caminos de muerte."

5) En las parejas que viven juntos por mucho tiempo antes del matrimonio, la desilusión anterior se desarrollará en la

relación matrimonial, junto con un menor compromiso y calidad marital.[21]

El aumento en la agresión - *"Los rayos y los truenos pueden abortar la misión"*

1) La cohabitación se asocia con una mayor probabilidad de agresión doméstica.[22]

2) Una mujer que convive con un hombre es tres veces más probable de ser físicamente abusada que una mujer casada; y si la relación que cohabitan termina, la mujer tiene 18 veces más probabilidad de sufrir daños emocionales que una mujer casada.[23]

3) La intimidad física es un equivocado intento de construir rápidamente puentes emocionales, pero las relaciones construidas sobre una base tan inadecuada finalmente colapsan. Un estudio de la Universidad Estatal Penn compara las cualidades relacionales de 682 cohabitantes y 6.881 parejas casadas, de 19 a 48 años de edad, y encontró que los cohabitantes discuten, gritan, y golpean con más frecuencia que las parejas casadas.[24]

4) En un estudio de matrimonios donde se encontró que el 60% habían cohabitado antes del matrimonio. Los resultados muestran que estos 60% eran más propensos a ser verbalmente agresivos, ofrecen menos apoyo a su pareja, y son mucho más hostiles que el 40% que no habían vivido juntos.[25]

Manejo de la propiedad - *Reclamo de equipaje*

Los factores económicos contribuyen a menudo en una pareja a decidir cohabitar.

1) "Después de unas cuantas citas, se involucran sexualmente, y luego se encuentran pasando una gran cantidad de tiempo juntos, incluyendo muchas noches. Tarde o temprano se dan cuenta de que ellos pueden hacer lo que están haciendo mucho más barato al compartir una residencia y otros gastos. Este pensamiento destruye la conexión moral entre el sexo y el matrimonio, por lo que el aspecto económico de la relación se convierte en la consideración dominante."[26]

2) Para la mayoría de las parejas que conviven (cohabitan, están en una unión libre, o concubinato), el dinero y los bienes tienden a permanecer "tuyo" y "mío" en lugar de "nuestro". Como resultado, es de poca importancia el establecimiento compartido de metas y planificación financiera, igualmente no es importante cómo él o ella gasta "su" propio dinero. Esta forma de pensar no crea la sinergia económica que está presente en la mayoría de los matrimonios saludables.

Efectos negativos en los hijos -*"La tripulación está en peligro"*

1) "En comparación con los niños provenientes de familias casadas, los niños de hogares que cohabitan tienen más probabilidades de fracasar en la escuela, desobedecer la ley, sufrir depresión, consumir drogas, y -lo más preocupante- ser abusados. Tenga en cuenta que los hijos de hogares de casados les va mejor en todas estas aéreas. En palabras de un estudio del Instituto Urbano, "las familias que cohabitan no son simplemente una extensión de la familia biológica o familias mezcladas. De hecho, un informe federal reciente sobre el maltrato infantil encontró que los niños de familias reconstituidas convivientes eran

98% más propensos a ser abusados físicamente, 130% más propensos de ser víctimas de abuso sexual, y el 64% más propensos de ser abusados emocionalmente, en comparación con los niños de familias casadas."[27]

2) Una investigación informó en un sitio web para los esposos y padres:

- Dado que las parejas que cohabitan tienen más probabilidades de separarse que las parejas casadas, los niños tienen cinco veces más probabilidad de experimentar el trauma de la ruptura de sus padres (Enciclopedia del Matrimonio y la Familia).

- Los niños tienen 50 veces más probabilidades de ser objeto de abuso cuando no viven con sus dos padres biológicos o adoptivos (datos del Censo de EEUU).

- Incluso teniendo en cuenta las diferencias socioeconómicas y diferencias en salud mental, los hijos de las parejas que cohabitan tienen el doble de probabilidades de sufrir trastornos psiquiátricos, enfermedades, intentos de suicidio, alcoholismo y abuso de drogas.

- Los hijos son más propensos a sufrir los efectos negativos de la pobreza y bajo nivel socioeconómico.

- Los hijos son más propensos a tener dificultades para formar relaciones saludables.

3) Los padres que cohabitaban tienen mayor dificultad para establecer pautas morales para sus hijos, especialmente cuando llegan a la edad de tener citas.

La cohabitación sin sexo - *"Volar sin combustible"*

Aunque la mayoría de las parejas que viven juntas antes del

matrimonio están involucrados sexualmente, ¿qué pasa con una pareja conviviente que no tenga relaciones sexuales? Por ejemplo, ¿cómo aconsejaría a una pareja que viven juntos por razones financieras, pero se abstienen de tener relaciones sexuales hasta el matrimonio?

Si bien aplaudimos la decisión de una pareja a abstenerse sexualmente antes del matrimonio, hay varias buenas razones por las que una pareja no debe vivir juntos antes del matrimonio.

1) *La primera cuestión es la* **tentación**. Seamos realistas; viviendo juntos, compartiendo una casa, o compartir la cama no es la mejor manera de luchar contra la tentación. Si usted está seriamente comprometido con abstenerse de toda actividad sexual antes del matrimonio, la última cosa que debe hacer es vivir con la persona que ama y se siente atraído sexualmente. Cuando viven juntos antes del matrimonio, aumentan su exposición y vulnerabilidad a la tentación. *"¿Puede alguien echarse brasas en el pechos in quemarse la ropa?"* (Proverbios 6:27). En un acuerdo de cohabitación, pregúntate a ti mismo: ¿Está usted realmente relacionándose como hermanos con absoluta pureza?. *"Trata a los jóvenes como a hermanos ... y las mujeres más jóvenes, como a hermanas, con toda pureza"* (1 Timoteo 5:1-2).

2) *También está la cuestión de su* **testimonio**. La Biblia dice que debemos evitar incluso la apariencia del mal (Efesios 5:03, 1 Tesalonicenses 5:22). ¿Qué clase de ejemplo da la convivencia a otras personas que están viendo? ¿Cómo harán los que no saben acerca de su compromiso de abstenerse sexualmente y ver su relación entre sí y con Cristo? El testimonio de nuestras vidas afecta cómo la gente ve a Cristo, la iglesia, y el diseño de

Dios para el matrimonio. Muchos han rechazado el cristianismo porque no ven a las personas que se llaman a sí mismos cristianos y viven a su manera. La convivencia es un testimonio pobre para Cristo y su iglesia. *"Yo ruego que vivan de una manera digna del llamamiento que han recibido"* (Efesios 4:1b).

También es una piedra de tropiezo para otros que puedan ser alentados a seguir sus pasos sin la abstinencia sexual. *"...Más bien, propónganse no poner tropiezos ni obstáculos al hermano"* (Romanos 14:13b).

3) *En tercer lugar devalúa al matrimonio.* Vivir juntos trivializa al matrimonio quitándole el carácter sagrado que Dios ordenó solo para él. Vivir juntos antes de tiempo adopta del mundo lo social y otros aspectos relacionales del matrimonio, por tanto, deshonra a Él. Esto va en contra de Hebreos 13:4 que dice: *"Que el matrimonio sea honrado por todos."* Es triste escuchar a una pareja que convivía y luego se casa diciendo: "No es tan diferente." Ellos han perdido una parte importante del júbilo y singularidad de la relación matrimonial que Dios quería para ellos.

Además, el efecto de trivialización afecta negativamente a la dinámica relacional de la pareja en varias áreas.

4) *Cuando usted se casa, es probable que tengan más dificultades con la transición.* Mientras que la abstención sexual antes del matrimonio es siempre una buena elección, la diferencia limitada en arreglos de vivienda entre el día antes y el día después de la boda puede hacer que sea más difícil "dejar ir" sexualmente después de abstenerse durante la convivencia.

Si alguna vez decide romper su compromiso, su angustia, su situación financiera, e incluso las complicaciones legales serán mucho mayores, ya que usted tiene lazos emocionales y físicos que lo atan, en mayor medida de lo que tendría si no se convive.

Lista de verificación del vuelo

1) ¿Cómo estás lidiando con los retos de vivir juntos?

2) ¿Están familiarizados con la investigación y resultados sobre el impacto de la convivencia en las perspectivas a largo plazo de una pareja para una relación duradera?

3) ¿Cómo ha impactado la convivencia a su nivel de compromiso de por vida del uno al otro?

4) ¿Ha cambiado su nivel de confianza en la fortaleza de su relación desde que comenzó la cohabitación o convivencia?

5) ¿El paso que tomó para cohabitar, convivir, o vivir juntos es algo que usted planeó específicamente o acabó en esa situación empujado por las circunstancias?

6) ¿Cómo concilia su enseñanza religiosa y creencias espirituales con su decisión de cohabitar?

7) ¿Cómo han reaccionado sus familias a su decisión de vivir juntos?

Recursos recomendados

McManus, Michael J., and Harriett McManus. *Living Together: Myths, Risks & Answers*. New York: Howard, 2008.

Whitehead, PhD, Barbara Dafoe, and David Popenoe. "Publications - Special Reports, The National Marriage Project, U.Va." *University of Virginia*. University of Virginia, 28 Apr. 2004.

http://www.virginia.edu/marriageproject/pdfs/print_whitehead_testimonial.pdf.

Institute for American Values, and National Center for African American Marriages and Parenting. The Marriage Index *A Proposal to Establish Leading Marriage Indicators*. 1st ed. Poulsbo, WA: Broadway Pubns, 2009.

Capítulo 9

Los planes para la boda

Planificación para despegar

Información previa al vuelo

Planear una boda es probablemente el evento más estresante que experimentará en la etapa inicial de su vida matrimonial. ¡Los conflictos son un hecho! La gestión de estas discusiones a veces no implica sólo a la pareja, sino también a sus familias. Los padres, amigos y familiares ofrecen sugerencias que creen que pueden ser útiles, pero a menudo esas ideas se convierten en poco realistas, costosas y no cumplen con las expectativas de la pareja para su día especial. Las parejas deben dedicar un tiempo considerable discutiendo sus deseos en sus vidas juntos y cómo esperan incorporar estas expectativas en el evento del día de la boda.

Problemas anticipados durante la planificación de la boda – Plan para evitar las graves condiciones climatológicas (PEGCC)

PEGCC se implementa normalmente para proporcionar la menor interrupción posible en el sistema de control de tráfico aéreo cuando el vuelo es difícil o imposible debido a las condiciones meteorológicas adversas. Considere cómo puede implementar su PEGCC:

1) El presupuesto de la boda

2) Sus expectativas son diferentes a los de su familia y amigos

3) Hay diferencias en las costumbres familiares y

culturales de los novios

4) ¿A quiénes invitar? ¿Cuántos invitados?

5) Lugar para la ceremonia

Planificación - *Hacer algunas paradas en tierra*

Cuando el proceso de planificación de la boda se convierte en un factor de estrés abrumador, aparentemente insuperable, es posible que desee considerar una parada temporal. Simplemente haga una pausa y cambie de rumbo hasta que esté descansado y sea capaz de implementar una mejor ruta o solución.

1) Haga sus planes sobre la base de sus expectativas como pareja.

2) El día de la boda "es su día." Sin embargo, deben ser considerados con las personas más cercanas a ustedes.

3) ¿Cómo es que cada uno de ustedes tomara parte en la planificación?

- Tomar decisiones juntos

- Decidir cuál es la mejor manera de explorar y negociar en áreas tales como:

  - Lugar para la cena el día del ensayo

  - El menú y el local para la recepción

  - Lugar / fecha para el viaje de la luna de miel

4) Revisen y decidan juntos sobre todos los elementos arriba mencionados después que cada uno de ustedes hayan explorado las posibilidades.

5) Considerar la contratación de un planificador de bodas para ayudar con los detalles.

Etiqueta de la boda - *El vuelo en el monitor*

Desafortunadamente la etiqueta de la boda es muy descuidada. Si pregunta a la mayoría de vendedores de ropa y artículos para bodas, le confirmarán que en las bodas de hoy prácticamente "todo vale". Explore los miles de sitios web que ofrecen asesoramiento para las invitaciones, temas, colores, y las listas de verificación. Las discusiones son interminables, a veces contradictorios entre autores y foros. La pareja debe discernir lo que es mejor para ellos. Simplemente esperar una sola norma no es posible.

Algunos artículos que usted puede desear para examinar y luego definir sus expectativas:

1) Habitaciones de hotel para los huéspedes - ¿Quién paga?

2) Gastos de damas de honor, los padrinos de boda - ¿La cantidad, quien paga?

3) Ceremonia en el interior o al aire libre

4) Notas de agradecimiento - ¿quién los recibe?

5) Regalos

6) La novia y el novio - El intercambio de regalos o mensajes en la ceremonia

Preguntas antes del despegue

1) ¿Cómo van a reflejar a Dios y a los demás en el día de la boda?

2) Veinticinco años a partir de ahora - ¿Cuál será el recuerdo más importante del día de la boda?

3) ¿Han buscado el corazón de Dios en cada decisión

proyectada? ¿Por qué o por qué no?

Lista de verificación

1) ¿Cómo está el proceso de planificación?

2) ¿Cada uno de ustedes participa en la planificación?

3) ¿Cómo se pueden utilizar mejor los atributos de su prometido(a) en el proceso de planificación?

Referencias bíblicas

Efesios 5:31-32 – *"«Por eso dejará el hombre a su padre y a su madre, y se unirá a su esposa, y los dos llegarán a ser un solo cuerpo.» Esto es un misterio profundo; yo me refiero a Cristo y a la iglesia."*

Filipenses 2:3-4 - *"No hagan nada por egoísmo o vanidad; más bien, con humildad consideren a los demás como superiores a ustedes mismos. Cada uno debe velar no sólo por sus propios intereses sino también por los intereses de los demás."*

Efesios 5:25 – *"Esposos, amen a sus esposas, así como Cristo amó a la iglesia y se entregó por ella"*

Recursos recomendados

Doherty, William J., and Elizabeth Doherty. *Take Back Your Wedding: Managing the People Stress of Wedding Planning.* [S.l.]: urge, 2007.

Olson, David H. L., Amy Olson-Sigg, and Peter J. Larson. *The Couple Checkup.* Nashville, TN: Thomas Nelson, 2008.

Eggerichs, Emerson. Love & Respect: *The Love She Most Desires, the Respect He Desperately Needs.* Nashville, TN: Integrity, 2004

Capítulo 10

Los días festivos

Reserve temprano su viaje

Información previa al vuelo

Las parejas pueden tener mucha presión sobre cómo, cuándo y dónde celebrar los feriados, días festivos, y su tiempo libre. Los factores estresantes comunes son las diferentes expectativas de los padres, suegros, hermanos(as), familiares, empleadores, e incluso amigos. Adicione a estos ingredientes, a los que no reconocen ni respetan los deseos de una pareja de recién casados y usted puede tener una receta para un desastre.

¿Qué causa estrés en los días festivos? - *Sendas inseguras de viaje*

1) Finanzas

2) Los recuerdos de sus seres queridos

3) Demasiadas actividades

4) Comer demasiado

5) Soledad

6) Unidad de la familia

Reducir al mínimo el estrés de las fiestas - *Verifique el pronóstico antes de empezar el viaje.*

El estrés de vacaciones es totalmente predecible. El estrés de vacaciones comenzará y terminará. A diferencia de otros tipos de estrés negativos que encontramos en la vida, podemos hacer planes para minimizar el estrés de las fiestas y el impacto negativo sobre nosotros.

A continuación se presentan algunos consejos que puede utilizar para ayudar a reducir el estrés de las fiestas antes de que comience.

1) Establezca sus prioridades. Es importante decidir qué tradiciones hacen un impacto más positivo y elimine las actividades menos importantes. Por ejemplo, si ustedes normalmente llegan a estar cargados por villancicos, compras, envío de cartas y visitas a familiares, es posible que desee recortar algunas actividades y solamente disfrutar de algunos de ellos.

2) Cambie sus expectativas por la unidad. Es vital ser consciente de sus limitaciones. Reflexione sobre los años anteriores y trate de identificar lo que usted y su familia pueden tolerar antes de sentir un estrés negativo. No hay problema en poner límites a lo que somos y no estamos dispuestos a hacer, incluyendo la renuncia a sus visitas limitándolos a cada dos años, en vez de cada año.

3) Establecer una programación. Poner sus planes sobre papel puede mostrarle qué tan realistas son. Si usted encuentra un planificador diario, rellene las horas con las actividades programadas; usted será capaz de ver si usted está tratando de hacer demasiadas cosas. Comience con sus prioridades más altas; asegúrese de programar un tiempo para tomar un "descanso personal" cada día, como el ejercicio, o simplemente un "tiempo de espera". Planee con anticipación. Ponga a un lado los días específicos para ir de compras, preparar fiestas, cocinar, etc.

4) Reconocer sus sentimientos. Si usted ha experimentado recientemente una tragedia o no puede estar con sus seres queridos, acepte que es absolutamente normal sentir tristeza y angustia. Está bien tomarse un tiempo para derramar lágrimas y transmitir sus pensamientos. No espere que la temporada de vacaciones sea un tiempo para sentirse feliz.

5) Sea realista. No espere la perfección en el espíritu de las fiestas. Las familias cambian y crecen; también las tradiciones y costumbres cambian. Seleccione los eventos más preciados que unen a la familia y espere que otras nuevas se desarrollen. Por ejemplo, si su hijo está en la universidad y no puede volver a casa, participe de los métodos de comunicación electrónicos de tipo cara a cara, vídeos y fotos. El sentimiento festivo puede ser más feliz si acepta algunos cambios.

6) Ponga a un lado las diferencias. A los familiares y amigos que no puedan participar con sus expectativas, se les debe extender cortesía y respeto durante las fiestas. Trate de aceptarlos por lo que son, y así mantener la amistad. Sea considerado cuando los familiares o amigos son perturbados cuando algo no sale como estaba previsto. No sólo se sentirá incómodo, pero lo más probable es que sienta el estrés de las fiestas.

7) Mantener un presupuesto. Decida cuánto puede gastar y luego cumpla con su presupuesto. La felicidad no viene con una montaña de regalos caros. Tal vez algo 'hecho en casa' dará placer tanto para usted como para el destinatario. Alternativas podrían ser dar una contribución a una obra de caridad en honor de un ser querido, iniciar un intercambio de regalos de familia con límites de costo, anime a sus amigos y familiares a adoptar a-una-familia, y participar de un evento para los niños de la comunidad.

8) Aprende a decir sí o no. Mateo 5:37 dice: *"Cuando ustedes digan "sí", que sea realmente sí; y cuando digan* *"no", que sea no. Cualquier cosa de más, proviene del maligno".* Decir sí cuando debería decir que no, puede hacer que usted se sienta enojado y asediado. Los amigos y colegas deben entender que no pueden participar en todo plan o festividad.

9) No abandonen los hábitos saludables. Los excesos añaden cansancio, estrés y culpa. La celebración de las fiestas puede traer muchas oportunidades para disfrutar en exceso, como el alcohol, los alimentos, gastos, y mucho más. Por ejemplo, consuma un refrigerio saludable antes de las comidas en la fiestas navideñas para que no se exceda en los dulces, el queso, o las bebidas, para poder conciliar un sueño y hacer alguna actividad física.

10) Tome un respiro. Haga un poco de tiempo para usted mismo. Tan solo utilizando unos 15 minutos para "su tiempo" sin distracciones puede revitalizarle lo suficiente como para hacer todo lo que quiere hacer. Salga a caminar, correr una milla, separe un tiempo para estar a solas con Dios, o escuchar música relajante. Estas actividades u otras que más le gusten, podrán liberarle del estrés, aclarar su mente, mejorar su respiración y restaurar la calma interior.

11) Busque ayuda profesional si necesita. Si a pesar de sus mejores esfuerzos, usted llega a sentirse profundamente triste o preocupado, inundado por las dolencias físicas, sufre de insomnio e irritabilidad, hasta pierde la esperanza, y le inhabilita a hacer frente a las tareas de rutina. Si estos sentimientos duran por un tiempo, consulte con su médico o un profesional de salud mental.

Tome el control durante los días de fiesta - *Obtenga el control del viaje*

No dejen que sus celebraciones se conviertan en algo que temer. Como alternativa, tomen medidas preventivas para controlar el estrés y la depresión que puedan arruinar los feriados. reconozca lo que sus feriados puedan desencadenar para corregirlas antes de que se conviertan en un problema. Con un poco de preparación y algunas ideas optimistas, se puede encontrar la felicidad y el disfrute durante los feriados, días festivos y vacaciones.

Un estudio realizado por la organización Salud Mental de América (anteriormente conocida como la Asociación Nacional de Salud Mental), reveló los seis mayores fuentes de estrés, siendo los que encabezan la lista a las finanzas y la memoria de la pérdida de sus seres queridos.

"La temporada navideña puede ser un momento difícil del año", dijo David Shern, Ph.D., Presidente y Director General de la organización Salud Mental de América. *"Sea consciente de los factores de estrés y la adopción de medidas para manejar juiciosamente es esencial para hacer que la temporada navideña sea saludable. Al contrario, descuidarlos puede disminuir el bienestar y la salud general de una persona".*

"Los estadounidenses pueden estar estresados durante los días feriados - siempre supimos esto", dijo Shern." *Sin embargo, el 2 de Enero, cuando se espera que la persona esté relajada, y en su lugar se encuentra que se siente mal, físicamente enfermo o ansioso. Esto se debe a que el estrés afecto a la salud general de la persona -tanto "físico" y " mental". Tenemos que ayudar a estas personas a que manejen mejor su nivel de estrés- así van a sentirse mejor, van a estar más*

saludable y probablemente disfrutaran mejor de los feriados".

FUENTES DE ESTRÉS EN DÍAS FERIADOS[1]

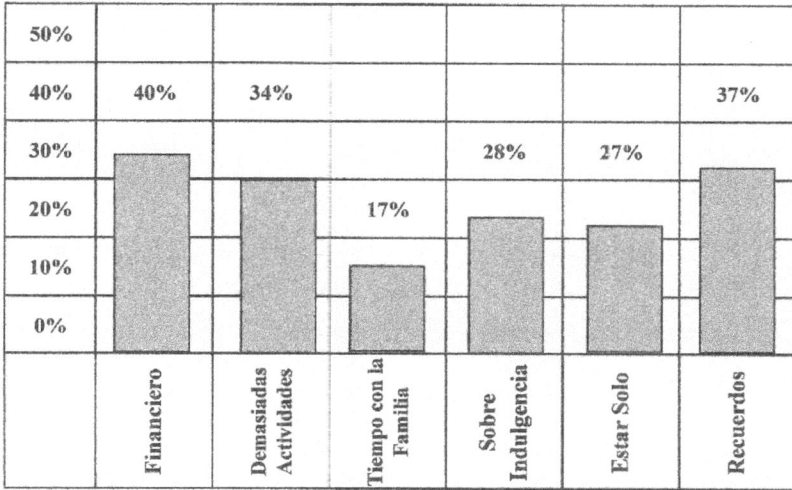

50%						
40%	40%	34%				37%
30%				28%	27%	
20%			17%			
10%						
0%						
	Financiero	Demasiadas Actividades	Tiempo con la Familia	Sobre Indulgencia	Estar Solo	Recuerdos

Fuente: Salud Mental de America 2013

Los mayores factores estresantes en los días feriados:

1. Las finanzas son la fuente más común de estrés en las fiestas (40%). Los padres están más estresados que todos los demás grupos demográficos por las finanzas (51%); y las mujeres (45%) son más propensas que los hombres a sentirse estresadas por las finanzas.

2. El 37% de los estadounidenses se sienten estresados por el recuerdo de sus seres queridos que fallecieron. Los latinos (50%) y los afroamericanos (46%) son los más estresados por estos recuerdos, en comparación con los blancos no hispanos (34%).

3. Tener demasiadas cosas que hacer causa estrés al 34% de las personas durante las vacaciones. Los padres están más estresados que cualquier otro grupo demográfico por tener demasiadas cosas que hacer (43%).

Pasar tiempo con la familia es la actividad *menos* estresante. Sin embargo, en general, los hispanos/latinos (39%) y los nativos americanos (37%) experimentan un mayor estrés por pasar las vacaciones con la familia que otros grupos demográficos.

Lista de verificación

Desarrolle un modelo de plan de vacaciones. Haga esto tan pronto como sea posible, antes del primer día de fiesta que usted experimentará como una pareja recién casada.

1) Haga una lista de los feriados que cada uno celebra.

2) Asigne prioridades a su propia lista a cada vacación o feriado en forma individual. Tome en cuenta las diferencias.

3) Después de una oración, hable acerca de cómo cada uno quiere pasar cada feriado. ¿Cómo va a establecer nuevas tradiciones en cada evento?.

4) Traten de resolver los posibles conflictos por las tradiciones y los planes de cada una de sus familias de origen.

5) Si es posible, establezca alternando cada año con la familia de cada uno.

6) Comparta el plan inicial de cada una de sus familias. Sean solidarios entre sí como pareja.

7) Aliente a establecer sus propias tradiciones, participe en los eventos especiales de la familia y asegúrese de mantener un equilibrio para ustedes como pareja

Modelo: Plan de vacaciones, días feriados y festivos					
Fiesta	Prioridad Para ÉL (1=Más Alto, 2= Después, etc.)	Prioridad Para ELLA (1=Más Alto, 2= Después, etc.)	Conflictos Familiares ¿Posible? ¿Quién?	Plan Año 1	Plan Año 2
1)					
2)					
3)					
4)					
5)					
6)					

Fuente: Adaptado de la Solución para los Matrimonios[2]

Referencias bíblicas

Colosenses 2:16-17 – *"Así que nadie los juzgue a ustedes por lo que comen o beben, o con respecto a días de fiesta religiosa, de luna nueva o de reposo. Todo esto es una sombra de las cosas que están por venir; la realidad se halla en Cristo."*

Capítulo 11

Convertirse en cuidadores de sus padres

Volando en el avión histórico

Información previa al vuelo

Muchos de nuestros padres se convertirán en abuelos, y algunos compartirán sus hogares por complicaciones económicas con la descendencia. Este problema se va poniendo más difícil al convertirse en cuidador a tiempo completo de uno o ambos padres a medida que alcanzan hitos en su vida. Muchas parejas elegirán unirse a los ancianos en sus casas o proporcionar cuartos adecuados, como "el apartamento para los suegros" u otros alojamientos en sus hogares. Algunos elegirán la atención prestada por servicios profesionales.

El cuidado de padres ancianos puede ser difícil, exigente y complejo, pero es igualmente un honor y un privilegio y una responsabilidad dada por Dios para cada miembro de la familia. 1 Timoteo 5:8 nos da una idea de la obligación: *"Cualquier persona que no provea a sus familiares, y sobre todo por su propia casa, ha negado la fe y es peor que un incrédulo."*

Algunos cuidados parentales de ancianos puede ser extremadamente difíciles, a veces incluso el control y manipulación por un padre anciano egoísta al querer dictar las vidas y actividades de los miembros de la familia. Algunos pueden afirmar que son incapaces de realizar incluso las tareas básicas tales como servirse a sí mismos un vaso de agua, cuando en realidad son totalmente capaces física y mentalmente, pero optan por que los miembros de la familia les atiendan su cada deseo y necesidad.

La conexión de padre/hijo no puede, ni debe, desplazar y

afectar a la relación entre marido y mujer como primera prioridad. Los votos matrimoniales ante Dios hablan de "salir y unirse a su pareja" no deben ser objeto de una tensión innecesaria en la relación de pareja debido al cuidado de los ancianos. Es muy importante entender la diferencia entre proveer el cuidado de las necesidades frente a darles lo que quieren. El cuidado de los padres ancianos a menudo puede conducir a los hijos mayores de edad a convertirse en facilitadores de sus padres sin darse cuenta. Por ejemplo, si bajamos la cama por la noche o le preparamos su cepillo de dientes en la mañana, cuando el padre tiene la capacidad y habilidad plena para realizar estas tareas simples.

El cuidado de los padres ancianos también puede poner presión sobre los matrimonios a menos que se hayan establecido límites claros cuando aportan todos los hermanos, hijos y nietos. Es importante y necesario para el cuidado de padres ancianos, pero también de vital importancia cuidar de las necesidades de su propia familia, como la relación esposo-esposa y la de los hijos.

Hemos experimentado el cuidado de nuestros padres. Cuidamos a la madre de Chuck en sus últimos 8 años y, a la madre de Mae durante sus últimos 7 años. El cuidado de la madre de Chuck se produjo después de la temprana muerte de su padre en 1991 a los 66 años. Aunque en relativamente buen estado de salud, su madre (Audrey) necesitaba cuidado cardíaco, diabetes y más. Chuck y Mae mudaron de su casa de 2,300 pies cuadrados, 4 dormitorios y 3 baños, a una habitación de 12' X 12' en su casa. Chuck había prometido a su padre antes de su muerte que iba a cuidar a su madre. Ella alcanzó su objetivo de experimentar el milenio, la transición al cielo el 2 de enero del 2000. Del mismo modo, también mudaron a la mamá de Mae (Millie), a su casa en 2005. Millie sobrevivió a dos maridos, una hija, un hijo, y un bisnieto de cinco años de edad. Antes de vivir con Mae y Chuck, ella sufrió de osteoartritis, osteoporosis y cataratas. Más tarde experimentó un fallo cardiaco y una fractura de cadera y fémur en una caída. Vivió sus últimos días en un hospicio hasta irse a Casa, el 29 de Julio del 2012.

El conocimiento de primera mano les permite compartir un par de experiencias que no existen en los textos, ni son experiencias clínicas. Sin lugar a dudas, el momento más difícil está en la atención de los padres/ancianos cuando viven un lento deterioro progresivo de sus capacidades físicas y mentales. Cada día con sus nuevos retos. Algunos días sólo la oración y las lágrimas podían ofrecer resistencia y fortaleza, mientras que otros días su risa traía jubilo y construía esperanza. Así, los recuerdos se crean constantemente, algunos tolerables, otros dolorosos. El Señor nos abastece y suple Su bendición cada día para continuar el cuidado, devolvermos al refugio y proporcionarnos las necesidades hasta que llegue el momento para que puedan disfrutar la eternidad con El. ¡Amén!.

¿Qué dice la escritura sobre el cuidado de ancianos? - *El capitán enciende la luz de abrocharse el cinturón de seguridad*

1 Timoteo 5:4, conocida como la instrucción de la Iglesia con respecto a las viudas, da una idea de cómo cuidar a los padres: *"Pero si una viuda tiene hijos o nietos, que éstos aprendan primero a cumplir sus obligaciones con su propia familia y correspondan así a sus padres y abuelos, porque eso agrada a Dios"*. Este capítulo va a compartir las precauciones y advertencias sobre cómo Satanás tratará de interferir con los esfuerzos.

Los factores estresantes comunes

Extrusores comunes encontrados durante el cuidado de ancianos:

1) Limitaciones físicas

- Movilidad restringida

- Deterioro en su visión

- No pueden vestirse/desvestirse

- Dificultad para comer/alimentarse por sí mismos

2) Reducción de capacidad mental

- El olvido de tareas simples

- No pueden recordar los nombres

- Desafíos en la memoria a largo o corto plazo

- No está seguro de su entorno o de los lugares familiares

- Las rabietas

3) Problemas de salud

- Problemas de salud crónicos o agudos

- La nutrición inadecuada y consumo de líquidos

- Los hábitos variantes de sueño

4) Higiene personal

- Necesitan ayuda para bañarse

- El comportamiento como de un niño en sencillas tareas de saneamiento

- Los hábitos de aseo se vuelven difíciles de manejar

Consejos sobre el cuidado de ancianos - *La tripulación demuestra el equipo de seguridad*

Los hijos adultos a menudo deben asumir la responsabilidad de prestadores de salud antes de que estén completamente al tanto de todo lo relacionado al cuidado de un padre anciano. Cuando esto ocurre, los hijos adultos deben buscar respuestas a muchas preguntas, antes de que surja la necesidad. A veces, la participación de otros miembros de la familia puede ser útil para realizar la asistencia de otros profesionales (contadores, abogados, médicos, planificadores financieros) para ayudar en la redacción de la documentación, si no está en su lugar. A continuación se presentan algunas áreas:

• ¿Quién está designado como el cuidador principal?

• ¿Qué papel van a jugar los otros miembros de la familia en el cuidado?

    o ¿Pueden ayudar los adolescentes y los miembros jóvenes de la familia?

    o ¿Quién supervisará las compras, visitas al médico, etc.?

• ¿Hay programas locales disponibles para ayuda de ancianos?

    o ¿Cuál es el costo?

    o¿Cómo se le proporcionará transporte?

• Busque grupos de apoyo locales para familias con circunstancias similares

• ¿Hay signos de que se necesita un poco de ayuda ahora?. ¿Qué tipo de ayuda?

• ¿Quién tiene una lista de los bienes y de su valor?

• ¿Hay un testamento, un documento fiduciario, una directiva médica, carta poder del abogado? Si es así, ¿dónde está, quien lo tiene?

• ¿Cuáles son los deseos de los padres con respecto a cuándo emitir el acuerdo de la orden de "No Resucitar", también conocido como NR?

• Ubicar los certificados de nacimiento, tarjeta de seguro social, certificados de matrimonio y/o divorcio, educación y los registros de servicio militar.

• ¿Qué pasa con su pensión/fondo de retiro? ¿Cuál es la cantidad? ¿Está depositado directamente, dónde?

• ¿Reciben pagos del Seguro Social? ¿Cuánto, en qué forma se deposita?

• Lista de todas las cuentas bancarias, CD (Depósitos Certificados), cajas de seguridad, cuentas IRA, acciones, bonos, etc.? ¿Dónde están?

• ¿Cuáles son sus deudas: hipotecas, tarjetas de crédito, pagos del auto?

• ¿Existe un seguro médico adecuado, seguro de cuidado a largo plazo, medicare, medicaid, plan de recetas médicas?

• ¿Alguien ha consultado con un abogado y/o alguna institución de cuidado de ancianos?

• ¿Puede el padre anciano vivir solo? ¿Dónde?

• ¿Qué pasa con una vida independiente, instalaciones de vida asistida o un hogar de ancianos?

• ¿Qué medicamentos están tomando, en qué dosis. Es la receta de venta libre?

• Nombre y dirección del médico de atención primario.

• ¿Hay gastos funerarios pre pagados? ¿Está prepagado el

lote en el cementerio? ¿Existen arreglos funerarios específicos deseados?

• ¿Se desea una esquela necrológica en el periódico, cuánto cuesta? Algunos periódicos ofrecen como un servicio gratuito, mientras que otros cobran cientos de dólares por un bloque de cinco centímetros de texto.

• ¿Existe una funeraria preferida? ¿Quién dirá el discurso en los servicios funerarios?

• ¿Se desea la cremación? ¿Hay deseos específicos con respecto al servicio funerario?

Maneras saludables de controlar lo incontrolable - *Respuestas de emergencia para recuperar el control de la aeronave*

1) Identificar las maneras que usted puede evitar las crisis de última hora mediante la mejora de la planificación y de ser más proactivo.

2) Asegúrese de hacer las visitas regulares al médico primario para la atención y asesoramiento. Tome notas entre y durante las visitas, qué se puede compartir con el prestador sobre los hábitos, las conductas y el estado general de su ser querido.

3) Utilizar habilidades de comunicación asertiva con el ser querido, sin ser malo o agresivo.

4) ¿Puedes encontrar algo positivo en la situación? Si es así, optar por enfocarse en esa parte del problema.

Maneras de hacer frente a las circunstancias inmutables - *No eres el piloto. Déjale volar*

1) Darse cuenta de que no puede controlar todo, no puede obsesionarse con ciertas cuestiones.

2) Comparta sus sentimientos con un amigo cercano o un pastor. La liberación emocional puede hacerle bien.

3) Inicie un programa de nutrición, ejercicio y descansar más.

4) Disfrute de algo especial (tal vez un viaje corto) como una manera de escapar y recuperarse emocionalmente.

5) Busque algo que le gusta y hágalo por lo menos una vez al día. Espere ese tiempo especial cada día.

6) Trate de mantener su sentido de humor.

7) Practique técnicas de relajación cuando se encuentra con un exceso de presión.

Si continua teniendo dificultades en esta área, considere buscar la asistencia de un médico profesional.

Antes del despegue

1) ¿Cómo puede encarar para empezar el trabajo del cuidado de ancianos? ¿Qué pasa con las situaciones que no puede cambiar?

2) ¿Cómo es de estresante su vida diaria normal, aparte de la atención de sus padres?

3) ¿Cuáles son algunas ideas para ayudarle a lidiar con el estrés por el cuidado de los ancianos?

Ejercicios durante el vuelo

El cuidado de su(s) padre(s) puede crearle un desgaste emocional y físico. Algunos días usted se preguntará cómo va a encontrar la fuerza mental y física para seguir prestando atención. Otras veces usted tomará una respiración profunda para decir: "No puedo creer que estoy bendecido para cuidar a mi mamá." Lo importante es ser capaz de tratar adecuadamente las diferentes situaciones que puedan surgir. Lo más importante es mantenerse en la mejor salud física posible. Busque el cuidado de su propio médico para asegurarse de que puede mantener el cuidado apropiado de sus necesidades.

El estrés se gestiona a menudo utilizando un proceso de priorización. Elaborar una lista para identificar las cuestiones importantes que están enfrentando.

1) Para cada asunto de su lista, determine qué situaciones se pueden cambiar o resolver y cuáles están fuera de su control.

2) Dar prioridad a los que usted puede controlar y quiere trabajar.

3) Discuta maneras que usted puede hacer un mejor frente a los problemas, las que no pueden ser cambiados, o están fuera de su control.

Referencias bíblicas

Proverbios 23:22 – *"Escucha a tu padre, que te engendró, y no desprecies a tu madre cuando sea anciana."*

Deuteronomio 5:16 – *"»Honra a tu padre y a tu madre, como el SEÑOR tu Dios te lo ha ordenado, para que disfrutes de una larga vida y te vaya bien en la tierra que te da el SEÑOR tu Dios."*

Capítulo 12

Alegrías y tristezas

Información previa al vuelo

En este capítulo se demuestra el poder del Espíritu Santo cuando abrimos nuestro corazón y permitimos que trabaje. Muchas parejas experimentan el dolor de un aborto involuntario, la pérdida de un hijo, una mascota o un nieto. En ocasiones, ellos sienten que no tienen "ningún lugar a donde ir" para conseguir ayuda en su dolor o dificultad. En realidad, lo contrario es muy cierto. Existen muchos programas excelentes (algunos internacionales), profesionales con licencia, iglesias locales, programas de educación matrimonial/prematrimonial, y ayuda de otras personas que han sufrido la misma pérdida. Buscar la mejor ayuda es muy difícil para algunos. Las heridas pueden tomar muchas semanas, meses o años en sanar. Cada pérdida es única y especial, porque la profundidad de la pérdida no es mas que el nivel de amor que tenemos por lo que perdimos.

Nuestra esperanza es que vamos a usar la información compartida por estas parejas y sacar fuerzas para lidiar con experiencias similares. Sabiendo que Dios es nuestro creador y sanador.

Hemos experimentado la pérdida de nuestro primer hijo en 1971 por aborto involuntario mientras nos encontrábamos en California. Nos sentíamos solos, perdidos y aislados. Geográficamente separados de familiares y amigos, volvimos a Dios y a nuestro pastor local. La mamá y la hermana de Mae vinieron a hacernos unas visitas cortas y nos ofrecieron su apoyo, lo cual nos ayudó mucho. No teníamos un soporte bien estructurado de programas como los de hoy, pudimos 'superar' la pérdida y seguimos en la vida. En Enero de 1972, fuimos bendecidos por el nacimiento de un hijo, y en 1977 de una hija. Luego, el fin de semana del Día del Trabajo del 2010, experimentamos la muerte Amber, una niña de 5 años de edad, la nieta, después de una corta batalla contra Osteosarcoma.

La familia Dettman estaba rodeada de muchas personas que ofrecieron oraciones, consuelo y apoyo, pero esta pérdida nos llevó en un viaje muy diferente que antes. Ambos buscamos la fortaleza en Dios "apoyándonos en Él" en vez de huir. No fue sorprendente que la iglesia Christ Fellowship tenía un programa de renombre mundial: 'Compartir en Dolor'. Mae asistió por primera vez y luego Chuck en un par de semanas más tarde. La serie de lecciones nos dio las herramientas para entender que el dolor no es algo que ponemos en una caja; no puede ajustarse a un calendario, y sobre todo, cómo el dolor que se aborda es muy especial para cada persona. Dios trajo sanidad por los abortos espontáneos de hace 39 años, nos enseñó cómo compartir nuestras pérdidas: su mejor amigo, sus padres, padrastro, media-hermana, y ahora Amber, además del significado de cada pérdida. Ellos continuaron facilitando el programa hasta la muerte de la madre de Mae en Julio de 2012. Utilizamos las herramientas que aprendimos y ahora enseñamos a otros a experimentar el dolor adecuadamente.

Rainer y Kerstin Knaack han estado casados desde el 2005 y han superado una serie de retos, entre ellos tres abortos involuntarios y un nacimiento sin vida en el noveno mes de embarazo. Ellos saben por experiencia propia lo que pasa cuando una pareja experimenta las alegrías y las tristezas durante el matrimonio.

Su experiencia habla de una pasión verdadera por las parejas que enfrentan diversos retos en la vida. Al descubrir su destino, los dos decidieron en el 2012 retirarse de sus carreras profesionales.

Los Knaacks combinan su firme fe cristiana con sus excelentes habilidades y su pasión para ayudar a otras parejas. El deseo de Kerstin es formar/entrenar a gerentes, pastores, consejeros y parejas. Ellos como pareja desean invertir su tiempo a nivel local e internacional como mentores matrimoniales.

Después de seis años de trabajo en Siemens Healthcare, Rainer dedicó su vida a tiempo completo al desarrollo de un programa internacional de mentores matrimoniales que específicamente y profesionalmente fortalecen los matrimonios, las familias y las relaciones. Él tiene dos títulos de postgrado: Maestría en Administración de Empresas de la Universidad de Educación Cooperativa, y Estudios de Diseño de la Universidad de Artes de Berlín. Después de que terminó su beca en la Universidad Edith Cowan en Perth, Australia, su segunda tesis, "El liderazgo decisivo por conocimiento tácito", fue publicado en un libro.

Kerstin estudió la danza, el canto y el teatro dentro del ámbito de la música en Berlín y es asistente calificado de idiomas extranjeros. Ella trabajó para una compañía que ofrece negocios para el teatro como método de entrenamiento, que une su experiencia profesional en el arte con los negocios. Más adelante, hizo la transición a una empresa internacional donde lideró un equipo de siete trabajadores internos y 200 externos. Su entrenamiento incluyó a los instructores de la empresa. Kerstin es entrenadora certificada de negocios y entrenadora de BDVT DISCO ®.

Rainer y Kerstin Knaack son consejeros matrimoniales certificados y directores del seminario PREPÁRESE/ENRIQUÉSCASE. También son certificados como Entrenadores para mentores del programa 'La solución para los matrimonios' desde junio del 2012. Regresaron a Surrey/Vancouver, Canadá, para iniciar un primer Ministerio de matrimonios en la Iglesia Relate Iglesia bajo el liderazgo de los Pastores John y Helen Burns. Ahora, viven en su casa en Konstanz, Alemania, donde entrenan mentores/consejeros de matrimonios en su iglesia local: Iglesia Hillsong, y en el área internacional. Para más información sobre los Knaacks y su ministerio, visite www.RelateWorks.com.

A continuación se presentan los testimonios de Rainer y Kerstin tal como presentaron su más precioso regalo al Señor. Rainer y Kerstin comparten el viaje y proceso de duelo.

Una semana después del nacimiento de nuestra hija de Loah - "Carta de amor por ser capaz de compartir con Dios y con la gente, en mi duelo"-

Querida Loah,

El 30 de Marzo del 2011, poco antes de 17:00 PM llegaste al mundo: tuvimos el honor de darte una calurosa bienvenida, querida Loah, como un nuevo miembro de la familia con todo nuestro amor y afecto en el lago de Constanza, Alemania.

Debido a tu nacimiento prematuro, sólo pesabas alrededor de 1.17 Kg y comenzaste con 39 cm de altura. En general, el aspecto triste y hermoso de este evento ocurrió porque te quedaste dormida en mi seno y tomaste el "atajo" hacia nuestro querido Creador.

Mi querida Loa, estamos muy orgullosos y privilegiados de ser tus padres terrenales. Desde el 3 de septiembre del 2010, te hemos estado amando desde el primer minuto de tu existencia. Juntos, estamos asombrados por tu carisma pacífica, tu carácter único y tu completa y deslumbrante belleza. Como nuestro tesoro en el cielo, tienes que saber y tener en cuenta la maravilla al juntarse nuestras almas, cambiado e iluminando nuestra aura.

Nos llena de paz interior cuando sentimos tu presencia desde la eternidad y orientación en este mundo. En el más profundo amor paternal.

Tu mamá Kerstin y papá Rainer con Frederike, Joanna y Freimut, Lili y Dieter, todos los hermanos y hermanas que oran.

P.S.

Hay dos cosas que calman nuestros corazones, desde tu nacimiento:

a) Uno de nuestros libros favoritos "La Cabaña", las últimas 7 páginas del Capítulo 11[1].

b) La palabras de Scott Wilson del 27 de Marzo del 2011.[2]

Nueve meses después:

Comentario escrito después de los primeros meses de dueio para saber cómo ser una bendición y ayuda a los demás. "

~ Kerstin Knaack ~

SheLoves.com El 15 de Febrero del 2012[3]

¿Por qué ocultar? Mi camino de esperanza, fe y superación

"Si yo no comparto mi vida y el difícil viaje que he hecho, será más difícil para que Dios trabaje a

través de mí".

~ Kerstin Knaack ~

Tengo diez semanas de embarazo. Necesito valor para decir esto

¿Por qué? Este es mi cuarto embarazo, mis primeros tres

bebés están en el cielo.

Yo soy de Alemania. Allí, muchas veces no decimos a la gente que estamos embarazadas hasta el cuarto mes. Pero hace unas semanas, fui a Brasil y me enteré que las mujeres allí anuncian sus embarazos tan pronto ya tienen el resultado positivo en sus manos. Le pregunté por qué lo hacen, teniendo en cuenta que la mayoría de los abortos involuntarios ocurren dentro de los primeros tres meses. Dijeron que en su cultura, celebran y lloran juntos. Si algo le sucede al bebé, acompañan a la madre ofreciéndole de todo, desde un fuerte abrazo hasta cocinar para ella o darle un masaje de los pies. Lo que ella necesite.

Pérdida

Mi primer aborto involuntario *fue en el 2009 en la octava semana; la segunda fue en el 2011, en la semana 33 y la tercera fue a finales del 2011 en la décima segunda semana. Todas estas pérdidas fueron difíciles, pero dar a luz a un bebé muerto en el noveno mes de embarazo fue sin duda la más dolorosa.*

Después del tercer aborto involuntario, no fui capaz de orar o adorar. Me dolía el corazón, pero tenía buenos amigos que me ayudaron a salir de esta adversidad. Cuando estaba lejos de Dios, me hablaron de la vida y la verdad. Pude sentir el amor de mi iglesia al rodearme con su apoyo y abrazos. Cuando no podía orar, oraron por mí; cuando no podía adorar, adoraban por mí.

Yo sabía que la muerte no viene de Dios. Él es amor y nada malo puede venir de Él. Pero Él permitió que esto sucediera.

Restauración

Después de varias semanas, llegué a un lugar donde tuve la oportunidad de pensar en mi situación de una manera diferente. *Si Dios permitió que esto sucediera, es porque hay algo en estas situaciones. Este fue un punto de inflexión para mí vida, quería convertir lo malo en bueno. Fue una decisión, no un sentimiento. Opté por no aceptar estar atado a las mentiras.*

Tantas cosas buenas ocurrieron como resultado de mis abortos involuntarios:

- Mi matrimonio con mi marido Rainer se hizo más fuerte y decidimos dar el 100 por ciento de nuestras vidas a Dios, cumpliendo Su propósito para nosotros.

- Tuvimos la oportunidad para hacer una pasantía en la Iglesia Relate, Canadá, con los Pastores John y Helen Burns,

- Mi padre volvió a nuestras vidas después de estar 28 años apartado y rechazándonos.

- Muchos amigos entregaron sus vidas en las manos de Jesús.

Superación

A partir de ahora, no voy a ocultar. *He descubierto que es saludable para mí hablar de cómo me siento y cómo los pensamientos y las emociones me han mantenido lejos de Dios. Si no comparto mi vida y el difícil viaje que he hecho, será más difícil que Dios trabaje a través de mí. Yo quiero que Él me use para ayudar a otras mujeres y para cumplir Su plan.*

Es por eso que estoy diciendo abiertamente a la gente que estoy embarazada por cuarta vez. *¿Es fácil para mí disfrutar de mi embarazo? Definitivamente no. Todos los días me* *acuerdo del pasado, las pruebas de embarazo positivas; fotos de mi gran barriga; los ultrasonidos; el cuarto de decorado; los movimientos en el vientre; recuerdos del día que me dijeron que nuestra hija había fallecido; el dolor de dar a luz a un bebé muerto y la alegría de tenerla en los brazos; Carta de amor de Raines a nuestra nueva hija; la factura de la funeraria.*

Un paso adelante en Fe

¿Cómo puedo lidiar con estas imágenes y el temor diario de la posibilidad que ocurra el mismo dolor?. *No existe una solución mágica, es un viaje de todos los días. Vuelvo a pensar en esas mujeres brasileñas, que entienden lo que significa la hermandad y sé que si me caigo, mis hermanas me ayudarán a levantarme. Y hablo de ello. Si me siento abrumada por el miedo, le pido a mi esposo o un amigo que me ayude.*

"Lo contrario del miedo es la fe. Dios tiene mi vida en sus manos, yo confío en Él"

Desde la pérdida de Loah, los Knaacks son los orgullosos padres de un gran regalo de Dios; un fuerte, saludable y maravilloso niño. Noah nació el 5 de mayo del 2013 .

Rainer y Kerstin Knaack son los traductores alemanes de nuestro primer libro, "La solución para los Matrimonios". Muchas veces, nos sacan de nuestras situaciones con su fortaleza y discernimiento.

Apreciamos su amor y amistad más allá de la imaginación.

Referencias bíblicas

Mateo 5:4 – *"Dichosos los que lloran, porque serán consolados."*

Salmo 147:3 – *"Restaura a los abatidos y cubre con vendas sus heridas."*

Juan 16:33 – *"Yo les he dicho estas cosas para que en mí hallen paz. En este mundo afrontarán aflicciones, pero ¡anímense! Yo he vencido al mundo."*

2 Corintios 1:3-7 – *"Alabado sea el Dios y Padre de nuestro Señor Jesucristo, Padre misericordioso y Dios de toda consolación, quien nos consuela en todas nuestras tribulaciones para que con el mismo consuelo que de Dios hemos recibido, también nosotros podamos consolar a todos los que sufren. Pues así como participamos abundantemente en los sufrimientos de Cristo, así también por medio de Él tenemos abundante consuelo. Si sufrimos, es para que ustedes tengan consuelo y salvación; y si somos consolados, es para que ustedes tengan el consuelo que los ayude a soportar con paciencia los mismos sufrimientos que nosotros padecemos. Firme es la esperanza que tenemos en cuanto a ustedes, porque sabemos que así como participan de nuestros sufrimientos, así también participan de nuestro consuelo."*

Recursos recomendados Young, William P. *The Shack: Reflections for Every Day of the Year*. Newbury Park, CA: Windblown Media, 2012.

Capítulo 13

La intimidad en el matrimonio

Disfrute del vuelo - ¡A la manera de Dios!

"No se nieguen el uno al otro, a no ser de común acuerdo, y sólo por un tiempo, para dedicarse a la oración. No tarden en volver a unirse nuevamente; de lo contrario, pueden caer en tentación de Satanás, por falta de dominio propio"

~ 1 Corintios 7:5 ~

Percepciones cristianas antiguas acerca del sexo[1] - *¡Abortar el vuelo sin diversión en este viaje!*

Durante una gran parte de la historia de la iglesia se proyectó el sexo como algo malo, de mal gusto, o sólo para la reproducción. Muchas culturas y religiones no cristianas también han distorsionado lo que Dios quiere para el disfrute sexual. A través de la persuasión mundana de la cultura griega (por ejemplo, Platón), la iglesia primitiva vio al sexo y la pasión como algo básicamente malo. Algunos ejemplos:

1) Tertuliano - Un pastor cristiano (d. C. 160-220) y Ambrosio (siglo IV) favorecieron acabar con la raza humana en lugar de continuar la actividad sexual.

2) Origen (d. C. 185-254) creía que el sexo era tan malvado que simbólicamente recitando el Cantar de los Cantares se castró a sí mismo, para que nunca pueda disfrutar el placer sexual.

3) Crisóstomo (siglo IV) declaró que Adán y Eva no tuvieron relaciones sexuales hasta el otoño, y por lo tanto el sexo es causado por el pecado.

En el Siglo XXI, con el rápido ritmo de la vida, a veces nos olvidamos de una de las mayores bendiciones que Dios nos ha dado. Debido a que los horarios se vuelven complejos y se saturan, muchas veces no encontramos tiempo para tener intimidad sexual con nuestro cónyuge. La intimidad queda reducida a solamente "la intimidad sexual". Sin embargo, este es sólo un elemento de la intimidad. La pareja verdaderamente íntima también reconoce todos estos elementos:

- La intimidad espiritual - la intensidad de la devoción

- La intimidad emocional - la emoción del romance

- La intimidad - el perfeccionamiento de la mente

- La intimidad sexual - la felicidad física

La intimidad espiritual - No es fácil lograr esta intimidad, pero en realidad es la forma más significativa de cercanía, ya que influye profundamente en las demás áreas. A innumerables parejas les resulta difícil conseguirlo, porque en realidad es la trinidad de la naturaleza: ¡unidad entre tres: esposo, esposa y Dios!

La intimidad emocional - Una unión con tu 'alma gemela' es la expresión que a menudo define la intimidad emocional. En ella se describe una profunda unión entre marido y mujer, a veces referido como el 'amor expresado'. A algunas personas les gusta hacer una distinción entre las dos, aseverando que la intimidad emocional se aprende, mientras que un vínculo entre almas gemelas fluye automáticamente, está prevista y diseñada en el cielo.

La intimidad intelectual - La mayoría de las parejas no comprenden la importancia de la intimidad intelectual en su relación, pero es un factor fundamental para la sensación de cercanía. Cuanto más podamos aprender del diseño de Dios acerca del disfrute de la intimidad total, mayor será la satisfacción que experimentaremos en la relación.

La intimidad sexual - La intimidad sexual en el matrimonio es vital para una relación fuerte, alegre y sana entre marido y mujer. Junto con las expresiones emocionales, intelectuales y espirituales, que Dios creó para que el esposo y la esposa disfruten de la intimidad sexual en el matrimonio. ¡La intimidad es ultimadamente la máxima experiencia humana!

La Biblia es la mayor fuente de consejo para la relación sexual en el matrimonio cristiano. En estos libros descubrimos asesoramiento educacional y ejemplos de la vida real relacionados con el sexo en el matrimonio, la pasión, la lujuria y la intimidad. ¡La Biblia nos informa "cómo actuar" en temas modernos tales como relacionarse y lograr una pasión íntima, cómo agradar a su esposo o esposa, y la forma de resolver el problema de la aparente falta de romanticismo de los hombres!

Muchas personas tienen una percepción distorsionada acerca de lo que la Biblia conseja al matrimonio, también con lo que dice la Biblia sobre el sexo. ¡No apreciamos que toda esta intimidad y sexo es idea y creación de Dios! ¿Por qué cuestionar Su autoridad?

Nuestro deseo sexual es una de las fuerzas más poderosas que Dios nos regaló para nuestra experiencia. Imagínese cuando esta fuerza está fuera de control, como un león furioso. Es muy perjudicial y destructivo. La Biblia muestra la totalidad del espectro de la experiencia sexual. Ejemplos de personas que practican el sexo fuera de control, ha destruido naciones como Sodoma y Gomorra (Génesis 19). Lo más destacado de las experiencias sexuales se encuentra en el libro Cantar de los Cantares.

Decenas de referencias bíblicas y poéticas a la sexualidad y el amor se describen en la Biblia.

Proverbios 5:15-19 enseña los peligros de la promiscuidad, en contraste con la belleza del sexo en el matrimonio: *"Bebe el agua de tu propio pozo, el agua que fluye de tu propio manantial. ¿Habrán de derramarse tus fuentes por las calles y tus corrientes de aguas por las plazas públicas? Son tuyas, solamente tuyas, y no para que las compartas con extraños. ¡Bendita sea tu fuente! ¡Goza con la esposa de tu juventud! Es una gacela amorosa, es una cervatilla encantadora. ¡Que sus pechos te satisfagan siempre! ¡Que su amor te cautive todo el tiempo!"*

Ahora bien, responderemos a la pregunta, "¿Qué prácticas sexuales son aceptables?". Puede haber una gran cantidad de diversas percepciones cristianas sobre el sexo, pero Dios nos da principios claros y sanos para seguir. Debemos tener cuidado de distinguir la diferencia entre lo que dice la Biblia sobre el sexo y lo que nos enseñaron.

¿Cómo podemos saber lo que es aceptable? - *¡Listo para el despegue!*

"¿No sería bueno tener una lista de prácticas sexuales clasificados como 'pecaminosas' o 'buenas'? ¿Hay una lista de este tipo? ¿Están de acuerdo los cristianos con la lista? ¿Hay una solución a este dilema? Pensamos que las respuestas a esas preguntas son las siguientes: Sí, no, no, y probablemente no, en ese orden"- Melissa y Louis McBurney, M.D.[2]

Hay un sin número de puntos de vista cristianos sobre las prácticas sexuales bíblicamente aceptables y las que no son. Subestimando la magnitud de la diversidad y tomando la cita anterior en serio, no vamos a encontrar una lista absoluta; pero encontramos una guía y orientación:

▪ **Las instrucciones** de Su Palabra. Nosotros los llamamos: No lo harás.

▪ **Los valores** que son comúnmente aceptados en Su propósito y practicados por parejas para ayudarles a discernir sus puntos de vista cristianos sobre el sexo.

1. El principio "No lo harás"

Las creencias cristianas sobre el sexo deben basarse en las enseñanzas bíblicas. La Biblia es muy tajante acerca de ciertas exclusiones que, si se siguen, ponen una cobertura clara de defensa alrededor de la pareja casada, permitiendo que la santidad de Dios proteja la sexualidad entre marido y mujer. Aquí hay algunos ejemplos:

Dios prohíbe inequívocamente la infidelidad (relaciones sexuales con alguien que no sea su cónyuge), al cual califica de pecado. Además, la Biblia prohíbe la fornicación (relaciones sexuales ocasionales con diferentes personas), calificándolo también como pecaminoso. Las exclusiones de Dios no pretenden constituir restricciones a nuestra libertad; sino mas bien están diseñadas como escudos para proteger nuestro bienestar. Agarrando a un niño cuando está a punto de correr hacia el tráfico, no se considera una limitación de la conducta; ¡es simplemente el ejercicio de la responsabilidad de los padres para proteger al niño de un daño! Es así que con las ordenanzas de Dios: "No lo harás". Sus mandamientos nos protegen de muchos peligros morales, físicos y emocionales.

En Mateo 5, 6 y 7 (en el sermón de la montaña), Jesús enseña sobre cómo el adulterio o la fornicación comienzan por un estímulo interior de nuestro corazón. También, se muestra cómo los sentimientos lujuriosos sobre una mujer, que no es su esposa, ¡constituyen un adulterio desde la perspectiva de Dios! Nuestra percepción cristiana sobre el sexo no se basa en la opinión de la gente o conocimiento popular, sino en la Palabra de Dios.

Los actos pecaminosos como la homosexualidad, la bestialidad y el incesto se enumeran en las Escrituras (Levítico 18, Romanos 1:21-32, 1 Tesalonicenses 4:1-8, y Corintios 6:12-20).

2. El principio de "Exclusividad":

Esta frase explica el pacto santificado entre un esposo y una esposa que establece las bases de su relación. Cuando decimos: "Tú eres mi único amor", estamos estableciendo fe y seguridad. Los cuatro tipos de intimidad son elementos que garantizan la felicidad sexual. Sin embargo, esto no puede garantizarse a menos que se dedique al matrimonio a un alto nivel. Todo tipo de deslealtad borra este componente clave. En esencia, el punto de vista cristiano sobre el sexo se puede resumir como: ¡sexo para un hombre y una mujer, para toda la vida!

3. Volver al principio básico:

El principio del diseño de Dios para la fisiología del sexo es volver a lo básico. ¡Los esposos y las esposas son creados para disfrutarse sexualmente! Verifiquen las diferencias anatómicas entre un hombre y una mujer, Dios nos ha creado claramente para la unión y placer que acompaña a esa conexión. Independientemente de las prácticas que gozan la parejas, volver a los principios básicos nos debe recordar la intención y el cumplimiento que Dios tenía en mente.

4. Sentirse "enganchado":

"Estoy enganchado a ti", es una actitud que obliga a cualquier forma de sexualidad o sensualidad y no se enfoca en forma directa hacia su cónyuge. El sexo es la conectividad que una a los esposos entre sí. Todo hecho o mirada que desvía la atención a otros(as) podría crear una dependencia en esta otra cosa, hasta que ¡su cónyuge pueda ser quitado de su matrimonio! Hoy en día nos bombardean con pornografía, metáforas de comportamientos sexuales inapropiados, internet, redes sociales, fetiches, fantasías o ilusiones que pueden llegar a ser adictivos e insinuar a la separación de las parejas.

5. Toda actividad sexual debe ser buena para ambos:

Cualquier actividad en la relación sexual debe ser "buena para ambos" cónyuges. 1ª Tesalonicenses 4:3-5 indica: *"La voluntad de Dios es que sean santificados; que se aparten de la inmoralidad sexual; que cada uno aprenda a controlar su propio cuerpo de una manera santa y honrosa, sin dejarse llevar por los malos deseos como hacen los paganos, que no conocen a Dios"*. Por ejemplo, si uno de los cónyuges quiere probar algo diferente durante sus relaciones sexuales, pero la idea no es agradable a la otra, la solicitud debe suprimirse.

Buscar consejo para la relación es muchas veces necesario en un matrimonio. Asegúrese de que su consejero provee consejería matrimonial bíblica. Entrevisten al consejero para asegurarse de que proporcionará asesoramiento matrimonial cristiano basado de la sabiduría de Dios. ¡Al cumplir con el designio de Dios para el matrimonio, la intimidad produce magníficos resultados para un matrimonio duradero, sano y fuerte!

La consejería matrimonial bíblica es diferente de otros tipos, es la simple aplicación de las normas, ordenanzas, principios y la filosofía que enseña la Biblia. El fundamento del matrimonio cristiano, entonces, comienza con las verdades esenciales. Algunas se enumeran a continuación:

o El matrimonio es un pacto diseñado por Dios, no un contrato (Oseas 2:19).

o El objetivo es sanar a los matrimonios dañados (Malaquías 2:13-16).

o El esposo busca satisfacer todas las necesidades de su esposa, y la esposa busca satisfacer todas las necesidades del esposo (Efesios 5:25-33).

o La Biblia es la autoridad final dentro del matrimonio cristiano (Génesis 2:24).

o El modelo bíblico para el esposo y la esposa es rendirse con el fin de perseguir el bienestar, la alegría y la felicidad de su de su cónyuge (Filipenses 2:2-4).

Ejercicios durante el vuelo

Las siguientes preguntas están diseñadas para abrir un diálogo en las parejas. Muchas veces los novios y los casados esperan que su cónyuge esté educado y preparado para una relación sexual satisfactoria en el matrimonio. ¡Esto está lejos de la verdad! La mayoría han oído hablar mucho sobre el sexo, pero pocos entienden que el sexo honra *igualmente* el creador del sexo (Dios) y que el sexo fue creado exclusivamente para el esposo y la esposa.

• Estoy contento(a) porque puedo conversar con mi esposo(a) acerca de temas sexuales.

• Estoy totalmente satisfecho con la cantidad de cariño que recibo de mi cónyuge.

• Estoy preocupado por las acciones sexuales pasadas de mi cónyuge.

• Me molesta que la importancia sobre el sexo de mi

pareja podría ser (es) diferente a la mía.

• Mi esposo y yo hablamos con franqueza sobre nuestra perspectiva sexual.

• Mi pareja, de vez en cuando, me hace sentir utilizada(o) o se niega injustamente a tener intimidad.

• No estoy dispuesto(a) a ser cariñoso con mi esposa(o) porque él/ella regularmente lo interpreta como una insinuación sexual.

• Hemos discutido y acordado las restricciones de nuestra actividad sexual premarital.

Referencias bíblicas

Hebreos 13:4 – *"Tengan todos en alta estima el matrimonio y la fidelidad conyugal, porque Dios juzgará a los adúlteros y a todos los que cometen inmoralidades sexuales."*

1 Corintios 6:18-20 - *"Huyan de la inmoralidad sexual. Todos los demás pecados que una persona comete quedan fuera de su cuerpo; pero el que comete inmoralidades sexuales peca contra su propio cuerpo. ¿Acaso no saben que su cuerpo es templo del Espíritu Santo, quien está en ustedes y al que han recibido de parte de Dios? Ustedes no son sus propios dueños; fueron comprados por un precio. Por tanto, honren con su cuerpo a Dios."*

Génesis 1:28 – *"y los bendijo con estas palabras: «Sean fructíferos y multiplíquense; llenen la tierra y sométanla; dominen a los peces del mar y a las aves del cielo, y a todos los reptiles que se arrastran por el suelo.»"*

Génesis 2:24 - *"Por eso el hombre deja a su padre y a su madre, y se une a su mujer, y los dos se funden en un solo ser."*

Recursos recomendados

Dillow, Joseph C. *Solomon on Sex*. New York, NY: Thomas Nelson, 1977.

Gardner, Tim Alan. Sacred Sex. Colorado Springs, CO: WaterBrook Press, 2002.

LaHaye, Tim F., and Beverly LaHaye. *The Act of Marriage: the Beauty of Sexual Love*. Grand Rapids: Zondervan Pub. House, 1976.

Penner, Clifford, and Joyce Penner. *Getting Your Sex Life off to a Great Start: a Guide for Engaged and Newlywed Couples*. Dallas: Word Pub., 1994.

Capítulo 14

Las diferencias culturales[1]
Cuidado con lo que el radar encuentra

Información previa al vuelo

En Estados Unidos, más personas que nunca se están casando con alguien de una religión o grupo racial / étnico diferente. Según el Foro Pew sobre religión y vida pública, casi el 37% de los estadounidenses están casados con alguien de una fe diferente.[2]

Además, el censo del 2010 (EEUU) informó que el 10% de los estadounidenses están casados con alguien de una raza diferente.[3] Los investigadores han ofrecido varias explicaciones posibles para estas tendencias crecientes.

Las parejas tienen más probabilidades de casarse fuera de su fe cuando estos factores contribuyentes ocurren:

1) Tienen una orientación común religiosa, y un nivel de educación o perspectiva global similar. Son más independientes de su familia, no sienten la necesidad de abrazar la misma fe que sus padres, la experiencia de un divorcio, o esperan un reparto más equilibrado de las responsabilidades familiares.[4]

2) Los diversos inmigrantes ofrecen a los residentes locales el conocimiento de sus diferencias religiosas, las exponen y construyen aceptación de otras religiones a la sociedad. Estadounidense.[5]

Las parejas interraciales tienen más probabilidades de casarse cuando estos factores contribuyentes están en juego:

1) Tienen una orientación común religiosa, un nivel de educación o perspectiva global similar.

2) Cuando los límites raciales se debilitan, las diferencias disminuyen, el lenguaje ayuda y las barreras residenciales disminuyen, esto hace más probable que se produzca un matrimonio mixto.

3) Los inmigrantes después de la tercera generación asimilan con mucha más comodidad el idioma y cultura local.[6,7] Los matrimonios pueden beneficiar a los inmigrantes o minorías étnicas a convertirse en parte de la cultura dominante, a pesar de que puedan perder alguna identificación con la suya.[8]

Para apreciar los aspectos culturales específicos que una pareja multicultural potencialmente puede soportar, se deben tener en cuenta cuestiones como nivel socioeconómico, la fe o creencias, la edad, ideología cultural y sistemas de valores.

Las parejas en las relaciones multiculturales o multirraciales tienen, más allá que el promedio, la curiosidad y el entusiasmo para aprender acerca de la ascendencia y tradiciones. Aunque esta emoción y entusiasmo presenta una nueva conciencia, estos matrimonios también tienen más retos en la construcción de un matrimonio duradero que los son de la misma cultura y raza.

Desafíos náuticos de divergencia cultural

Cada pareja tiene que construir y utilizar una comunicación efectiva y tener buenas habilidades de resolución de conflictos para lidiar de manera beneficiosa cuando vienen tiempos difíciles.

Los puntos que siguen son simplemente una muestra de algunos de los retos comunes que las parejas multiculturales confrontan.

1) Las diferencias de idioma ofrecen retos a la comunicación.

2) Los diferentes niveles de deseos, de armonía o intimidad en la pareja son un reto.

3) Las expectativas de los roles, incluyendo la familia extendida, y la solución a estas preocupaciones.

4) Los cumpleaños, aniversarios, celebraciones y fiestas (hay diferencias en la forma de celebrar el suyo o de la pareja).

5) ¿Qué pasa con la comida que se sirve en el hogar?.

6) ¿Dónde vivirá la pareja (el barrio, las expectativas de la vivienda, los posibles prejuicios)?

7) ¿Cómo mantendrá la pareja sus amistades sociales y culturales; como pareja y de forma individual?.

8) La identidad cultural, ¿cómo la pareja planea mantener su identidad cultural única, mientras que se mezcla para tener una nueva "identidad" juntos?

La magnitud del impacto de estas y otras cuestiones que tendrán en el matrimonio va a depender en gran medida de cómo los grupos culturales aceptan y adoptan los diferentes puntos de vista y formas de vida. La pareja puede hacerlo bien, pero la familia, los amigos y las comunidades pueden no percibir y actuar con el mismo nivel de aceptación y adopción. La pareja puede ser objeto de discriminación inmerecida, posiblemente ridiculizando a sus hijos, y más.

Reglas de vuelo visuales por las diferencias culturales
Beneficios potenciales de las diferencias culturales

1) Vivir la oportunidad

No sólo se deben mirar los aspectos negativos de los matrimonios entre personas de diferente origen y cultura. Más bien se deben apreciar las diferencias. Sobre todo, comprender y respetar las diferencias.

2) Aprender más acerca de la cultura

Sorprendentemente, muchas parejas multiculturales pueden charlar sobre la importancia de las tradiciones culturales que son importantes para cada uno. Conociendo la importancia de estas tradiciones, les ayudará, no sólo a entender sino a que también pueden ayudar a identificarse con algunos de ellos. Apreciar las diferencias le ayudará a aceptar y eventualmente abrazar la cultura de su cónyuge.

3) Superar los desafíos

Los problemas asociados a las diferentes lenguas, costumbres, o cualidades surgirán eventualmente. Cada matrimonio tendrá una o más de estas tribulaciones para ser conquistados cada día. Si usted está en una relación con alguien criado en un hogar similar o incluso una cultura similar, aun usted tendrá problemas como si fueran de una etnia diferente o hablarán un idioma diferente.

4) Los hijos bilingües

En algunas familias los padres vienen de un país diferente. Sus hijos naturalmente crecen bilingües, es normal que pasen tiempo enseñando a sus hijos el idioma nativo de sus padres y las tradiciones de sus culturas. Los niños no solamente se benefician socialmente, incluso hasta profesionalmente.

5) Ayudar a que su cónyuge " extranjero" se sienta en casa

Visite la familia y los lugares de su cónyuge que le hacen sentir en casa. Estos lugares son tanto culturales como recordatorios de su hogar de origen. Ayude su cónyuge en el desarrollo de amistades con personas de su país o de familias que hablan su idioma.

6) Mantener contacto con la familia

Es esencial que el cónyuge "extranjero" se mantenga en contacto con su familia de origen. No permita que la distancia y el tiempo creen pensamientos de anhelo de familia, nostalgia, e incluso soledad. Hoy en día, la internet y herramientas como Facebook y Skype hacen este contacto mucho más fácil.

7) Viajen juntos cuando sea posible

Una de las ventajas de estar casado con alguien de otro país es que se viaja más. Cuando se puede viajar, asegúrese de visitar a la familia de su cónyuge y aprender sobre su cultura de primera mano.

8) La legalidad y la estancia en un país

No importa si usted vive en su país de origen o si su cónyuge es un extranjero o viceversa; usted y su cónyuge deben llegar a tener un estatus inmigratorio legal. Usted debe obedecer las leyes de inmigración. Asegúrese de considerar los aspectos financieros para la obtención de residencia legal. Usted debe discutir esto con gran detalle antes de que su relación esté más comprometida.

Mantener diferencias que no causen desconexión

1) Comprenda y explore

Los matrimonios interculturales ofrecen una perspectiva que amplía una admiración profunda por otras formas de vivir. Nos regocijamos en las celebraciones distintivas a la patria de su pareja o de su tradición religiosa. Dedique tiempo para conocer a la familia de su pareja. Disfrute de las comidas nativas del país de su pareja. El entusiasmo que muestras valorando su cultura demuestra el amor y el respeto al otro.

2) Respete las diferencias

Acepte genuinamente la diversidad cultural y no lo tome a la ligera. Estas diferencias tampoco deben ser aceptadas fuera de contexto. Cuando dan lugar a diferentes puntos de vista, trate de comprender, en lugar de juzgar.

3) Busque actividades en común

Hay que ser consciente que es importante buscar más actividades o aspectos en común que las diferencias culturales. Busque preferencias, intereses, e ideales comunes. Comparta los principios fundamentales, tales como la verdad, la generosidad, la ética en el trabajo, etc. para disminuir la tensión en su matrimonio.

4) Mantenga lo más importante

Comprender la cultura de su pareja es muy importante. Sin embargo, no hay que ceder a la presión de desprenderse de aspectos preciados por sus propias tradiciones. Los matrimonios interculturales necesitan dar y recibir, pero no deberían obligar a una persona a olvidarse de las piezas centrales de su singularidad.

5) No haga suposiciones

No permita que los estereotipos culturales dicten la comprensión a su pareja. En su lugar, deje que el conocimiento de su pareja (su personalidad y visión) formen su percepción. Por otra parte, alguna expresión de las características culturales de su pareja puede ser más (o menos) de importancia para él / ella, a fin de averiguar qué es lo más importante para su pareja. Hable en detalle acerca de las expectativas de la relación y / o el matrimonio que pueden haber sido influenciadas durante su crianza. Estas áreas pueden incluir ideas sobre los roles de género, la intimidad (véase el Capítulo 13), finanzas (Capítulo 6) y los días de festivos (Capitulo 10).

6) Sea paciente

En general, nuestra civilización se está volviendo mucho más tolerante hacia las relaciones interculturales, pero muchas familias todavía se oponen, sobre todo en el inicio de la relación. Sin embargo, la mayoría de las familias tienden a ser más tolerantes con el paso del tiempo. A menudo, la aprensión intercultural (y en particular, las relaciones interraciales) están incrustados en términos del impacto en sus futuros hijos. Mientras que, incluso hoy en día, los niños multirraciales aún pueden encontrarse con algunos problemas; la Academia Americana de Psiquiatría Infantil y para Adolescentes señala que esos niños son propensos a celebrar la diversidad y aprecian el beneficio de las diversas culturas. Si en un inicio de su relación, se encuentra con resistencia de parte de su familia, trate de no ser demasiado reaccionario. Con paciencia, afirme a su familia del respeto por su pareja y los valores especiales de él o ella. Mantenga la esperanza firme de que con el paso del tiempo, van a crecer y amar a su pareja tanto como usted lo hace.

7) Planeen el futuro

Las diferencias culturales a menudo se vuelven más sensibles cuando las parejas planean casarse o tener hijos. Nuestra cultura es parte de nuestra cosmovisión, influye en como vemos todo, incluyendo las relaciones. Amar a tu pareja significa amar a él / ella por lo que él / ella es junto a su cultura distintiva. Mientras que las diferencias culturales pueden presentar ciertos desafíos, estos desafíos son ciertamente manejables en el contexto del respeto y apoyo que la relación ofrece.

Áreas potenciales de diferencias culturales

¿Es su relación sana?

Una relación sana es descrita por un sentimiento de compromiso, satisfacción y seguridad. Pregúntese si su relación tiene los siguientes rasgos:

1) Buena comunicación

La buena comunicación es el medio para todas las relaciones. Cuando usted comunica sus sentimientos, deseos y metas, usted expresa lo que es ahora, lo que quiere y su esperanza para el futuro. También le permite aprender lo mismo de su pareja. La creación de canales decomunicación les permite formar un equipo y cultivar un futuro grandioso juntos.

2) Compromiso

El compromiso es esencial para una relación fuerte, duradera y saludable. Esto significa que deben fomentar las co-dependencias; es decir, depender mutuamente el uno del otro para un futuro juntos. Una relación fuerte y comprometida multiplica el placer en los buenos momentos y le ayuda a superar rápidamente los malos.

3) Confianza

Sentirse a gusto en un matrimonio es consecuencia de la confianza. Cuando confía en su pareja que le trata bien y habla con la verdad, los pensamientos de sospecha y el resentimiento son arrojados aun lado para dar paso al amor y la honestidad. Usted tiene la seguridad de saber que su cónyuge está atento para apoyarle en sus aspiraciones. La confianza es un elemento de la amistad, y un aspecto muy importante en un matrimonio saludable.

4) Equidad y respeto

Dar y recibir en el matrimonio es muy importante. ¿Son equitativos en ejercer influencia acerca de qué hacer en sus actividades de ocio, escoger amigos o familiares para pasar un buen tiempo, o salir de compras? Su relación no debe estar basada en caprichos personales, sino más bien en compartir el tiempo juntos. ¿Suena como su matrimonio? Una relación saludable está diseñada para mejorar las vidas de las personas involucradas, haciéndolas más contentas y más satisfechas.

¿Tienes una relación no saludable?

Un matrimonio no es saludable si se faltan el respeto, hay abuso, control o violencia. Las parejas no comienzan con una mala relación, pero cometen el error de permitir pasar esas faltas. Tal vez usted no confía en su pareja, o tal vez no puede decir a él / ella cómo te sientes honestamente, o tienes miedo de él / ella. Si para usted esto suena familiar, usted debe considerar buscar la ayuda de su pastor o un consejero profesional cristiano.

Estas son algunas señales de que su relación pueda estar haciendo más daño que bien:

1) Falta de respeto

Alguien que ama no insulta o degrada, aunque diga que se lo hace "por su propio bien." Si respeta a alguien, usted le aprecia y acepta por lo que es. Una relación respetuosa permite que los cónyuges tengan opiniones diferentes.

2) Celos

Al igual que un cuchillo de carne, los celos apuñalan tanto a un matrimonio hasta que solo queda el miedo, la ansiedad y la desconfianza. Los celos acumulan resentimiento, infunden sospechas y empujan hasta que el matrimonio entre en crisis. Es normal sentir un poco de celos de vez en cuando. Sin embargo, su cónyuge no debe hacerle sentir culpable por un nuevo trabajo, pasar tiempo con amigos, o por su éxito.

3) Abuso y violencia

Casi todas las parejas discuten, y pueden llegar a estar muy enojados el uno con el otro, pero las relaciones sanas no incluyen el abuso o la violencia como parte de estos desacuerdos. Importantes signos de advertencia de abuso verbal, emocional y físico incluyen:

- Insultos, lenguaje degradante o constantes humillaciones

- Abuso físico: golpes, empujones, o bofetadas

- Actividad sexual forzada

Si el abuso o la violencia es parte de la vida de su pareja, usted debe buscar ayuda profesional ahora. Nadie merece ser abusado por el hecho de hacer algo que hace sentir incómodo. Si usted está experimentando cualquiera de estas situaciones en su relación, llame a la Línea Nacional de Violencia Doméstica al 1-800-799-7233 (SAFE) para obtener ayuda.

Estar en una relación sana es una gran parte de la vida. Las relaciones dan a la gente la oportunidad de compartir sus experiencias y complementar sus vidas. Construir relaciones sanas toman tiempo y trabajo. La pareja necesita permanecer comprometida y hacer un esfuerzo para mantener el amor y el respeto. En última instancia, la fuerza que une a un matrimonio depende más de las dos personas involucradas, que de las circunstancias exteriores.

Resumen de las diferencias culturales

Diferencias / semejanzas raciales y la felicidad conyugal

Las parejas de diferentes orígenes raciales y étnicos tienden a ver sus diferencias como si fueran solamente culturales, con la excepción de cuando fueron atraídos inicialmente a su pareja o si habían experimentado incidentes que involucran el prejuicio o la discriminación.[9] Definitivamente, al ser de diferentes razas, representa un desafío para las parejas interculturales. Estos retos pueden ser completamente superados. Sin embargo, si las parejas enfrentan la desaprobación y la presión social de las familias y la sociedad, consecuentemente, sus relaciones pueden llegar a ser muy estresantes.

Además el estrés en los matrimonios interculturales también puede estar relacionado con la crianza de los hijos, la situación temporal, las expectativas de los roles por el género, las conexiones con la familia extensa y, en particular, cual subsistema familiar tendrá prioridad o será más dominante.[10]

No todos los matrimonios interculturales son estresantes y propensos al divorcio. Sin embargo, la investigación indica que los matrimonios interraciales tenían un 13% más de probabilidades de llegar al divorcio, comparado a los matrimonios de la misma raza.[11] Aunque el matrimonio interracial no predijo el divorcio en sí, eran generalmente menos estables y los riesgos varían según la etnia. Entre los blancos, el grupo étnico menos propenso a participar en el matrimonio interracial, las mujeres tendían a reportar más estrés. Entre los nativos americanos, el grupo étnico con más probabilidades de estar involucrados en un matrimonio interracial (por encima del 50%), la tasa de deterioro era de dos veces más alto, comparado a los que no estaban involucrados en un matrimonio mixto. La tasa de deterioro para los hispanos se elevó sólo cuando se casaron con no blancos, llegando a más de dos veces la tasa comparado a los casados con otros hispanos. Curiosamente, los estudios encontraron que el matrimonio mixto mejoró la situación socioeconómica de los hispanos y las mujeres blancas, la tasa de angustia también disminuyó.

Los matrimonios que involucran a los afroamericanos fueron los menos estables (especialmente con una mujer blanca).[12,13] La angustia también aumentó entre los hispanos y los nativos americanos que se mezclaron. Los matrimonios mixtos entre los asiáticos no suscitaron una mayor angustia para ningún grupo, lo cual puede ser el resultado de que son el grupo minoritario más integrado a la sociedad[14] americana. De hecho, los matrimonios con un individuo asiático fueron en general más estables que los matrimonios entre blancos. Curiosamente, el éxito de todos los matrimonios, a excepción de los asiáticos-blancos, fue predicho como el grupo más propenso al divorcio de la pareja, en lugar de un balance entre los dos. El riesgo de divorcio de la pareja asiática-blanca fue el resultado de la balanza de estos dos grupos.[15]

Las parejas que superan estos retos son más propensas a enfocarse en sus similitudes y percibir las diferencias como fortalezas que amplían su visión y enriquecen su relación. Ellos cuidadosamente discuten y negocian las expectativas, y los conflictos por posibles repercusiones culturales. Las fortalezas en estas relaciones surgen del apoyo de los cónyuges, la confianza mutua y la creencia en su pareja. La inmersión en la cultura de ambos puede traer una sensibilidad única y conciencia de las diferencias que amplían su manera de ver al mundo.[16]

Aunque casarse con alguien de una cultura o religión diferente puede proporcionar algunos desafíos únicos, también puede proporcionarle algunas oportunidades de crecimiento hermosas y enriquecedoras.

Ejercicios para el vuelo[17]

Aquí hay una serie de comentarios valiosos que las parejas interculturales pueden hacer para fortalecer su relación. Cuando se trata de amor, las relaciones son como los coches: un cuidado constante y un mantenimiento completo son la mejor manera de mejorar y consolidar su relación; en lugar de visitas difíciles y dolorosas al pastor o consejero.

1) *"Quite toda vergüenza, culpa y crítica. Mas bien, pida lo que quiere de una manera clara, específica y positiva. Agradezca a su pareja. Los hombres necesitan sentirse competentes -que hacen una contribución valiosa-. les gusta que se les diga que su "comportamiento" les hace feliz. Ya que los hombres tienden a expresar afecto haciendo las cosas, usted debe interpretar sus acciones como amor. Cuando los hombres saben qué hacer y son*

reconocidos por ello, tienden a seguir haciéndolo". Harville Hendrix, Ph.D., autor de "Consigue el amor que deseas".

2) *"Cuando observa una cosa pequeña, exprese un aprecio genuino. El cambio de un hábito fundamental de la mente, en la que usted está muy involucrado con los errores de su pareja, a una positiva, en la que le encuentra haciendo algo bien. Va a cambiar los patrones de interacción de la escalada de negatividad y crítica, a la construcción de una cultura de aprecio."* - John M. Gottman, Ph.D., autor de "La solución para tu relación: Una guía de cinco pasos para fortalecer el matrimonio, la familia y las amistades".

3) *"Cuando su relación comienza a deteriorarse, necesita a la "AAA" (Arrepentimiento, Afecto y una promesa de Acción). Usted dice que está genuinamente arrepentido de lo que ha dicho o hecho al herir o decepcionar a su pareja. Usted ofrece afecto de inmediato.. un abrazo, un beso, un gesto significativo de calidez. Luego, se compromete a hacer algo que importa a su pareja: "de ahora en adelante, haré esto ...".Este AAA puede tomar dos minutos, pero en ese tiempo usted ha sanado el pasado, construido un puente hacia el presente y creado una esperanza para su futuro."*- Mira Kirshenbaum, psicoterapeuta y autor de "Las bodas de fin de semana".

4) *"En el libro 'Cómo hacer el amor como una estrella porno', uno de los mayores servicios que puede hacer para un hombre es asegurarle que él no tiene que hacer el amor como una estrella porno. Usted puede mostrarle cómo tener relaciones sexuales como una mujer: no basado en genitales solamente, sino en forma creativa, sensual, y con más placer que el orgasmo enfocado que lo*

conduzca a una experiencia que vaya más allá de su pene y le haga totalmente ocupado con su cuerpo y su alma."- Ian Kerner, Ph.D., autor de "Ella esta primero".

5) *"Todas las relaciones crecen un poco rancio con el tiempo, y los de más larga duración pueden tener el rancio acumulado. Lo mejor que puede hacer es encender la bomba de aire para dar un poco de aire fresco. Sería ideal un largo fin de semana en un refugio romántico, pero aun unas pocas horas en un motel ayuda mucho. No diga a nadie dónde se encuentran, apaguen sus teléfonos celulares, y desenchufen el televisor. Cuando llegue a casa, usted encontrará que su relación ha llegado a una nueva dimensión".* - Dr. Ruth Westheimer, terapeuta psicosexual y autora de "52 Lecciones sobre la comunicación de amor".

Lista para verificar[18]

1) ¿Qué es lo que cada individuo trae consigo a la relación en lo cultural y en lo personal?

2) ¿Cuáles fueron las progresiones o puntos esenciales que explican cómo se desarrolló su relación, sobre todo de "extraño" a "amistad" a "relación amorosa"?

3) Ahora que usted está en una relación, ¿qué estrategias utilizan para negociar, discutir, y resolver los problemas o diferencias?

4) ¿Cuáles son los problemas o asuntos "interraciales" acerca del romance / matrimonio, los mismos o diferentes que los problemas "interculturales" en un romance / matrimonio?

Referencias bíblicas

Hechos 17:26 – *"De un solo hombre hizo todas las naciones para que habitaran toda la tierra; y determinó los períodos de su historia y las fronteras de sus territorios."*

1 Corintios 12:12 – *"De hecho, aunque el cuerpo es uno solo, tiene muchos miembros, y todos los miembros, no obstante ser muchos, forman un solo cuerpo. Así sucede con Cristo."*

Gálatas 3:28 – *"Ya no hay judío ni griego, esclavo ni libre, hombre ni mujer, sino que todos ustedes son uno solo en Cristo Jesús."*

Apocalipsis 7:9 – *"Después de esto miré, y apareció una multitud tomada de todas las naciones, tribus, pueblos y lenguas; era tan grande que nadie podía contarla. Estaban de pie delante del trono y del Cordero, vestidos de túnicas blancas y con ramas de palma en la mano."*

Recursos recomendados

Crohn, Joel. Mixed Matches: *How to Create Successful Interracial, Interethnic, and Interfaith Relationships.* New York: Fawcett Columbine, 1995.

Romano, Dugan. *Intercultural Marriage: Promise and Pitfalls*, 3rd ed. Boston & London: Intercultural, a Division of Nicholas Brealy, 2008.

Shelling, Grete, and J. Fraser-Smith. *In Love but Worlds Apart: Insights, Questions, and Tips for the Intercultural Couple.* Bloomington, IN: Author House, 2008.

Capítulo 15

Segundas nupcias
El segundo vuelo, pero no juntos

Información previa al vuelo

En los Estados Unidos, los investigadores estiman que del 40% al 50% de todos los primeros matrimonios terminan en divorcio o separación permanente.[1] El riesgo de divorcio es aún mayor para los segundos matrimonios, con aproximadamente un 60% dentro de los primeros dos años.[2]

La reconstrucción de un futuro después de un divorcio no es un camino fácil. Algunos deciden permanecer solteros, sin embargo, otros prefieren encontrar una nueva pareja. Tener citas es mucho más complicado en la segunda, tercera, o cuarta vez. Más del 80% optan por casarse de nuevo. No obstante, antes de intercambiar los votos de la boda es imperativo estar comprometido sobre el fundamento de la fe así como el tener una relación mejorada.[3]

¿Recuerda cómo muchas familias del Antiguo Testamento se mezclaron? El Rey David tuvo muchas mujeres y niños a partir de ellos. Su familia demuestra algunos de los fenómenos que se producen en las familias reconstruidas. En 2 Samuel 13, aprendemos cómo Amnón, hijo de David, se enamoró de Tamar, la hermosa hermana de Absalón, hijo de David, que era la media hermana de Amnón. 1 Reyes 1 y 2 nos hablan de los celos entre medios hermanos. Las familias reconstituidas eran comunes en tiempos bíblicos (por lo general de matrimonios frente a la muerte, o el divorcio de hoy). Hoy en día, en Estados Unidos, casi el 33% de todos los matrimonios crean familias mezcladas.[4]

Muchas parejas que entran en un nuevo matrimonio se mezclan con expectativas poco realistas. La mayoría tiende a pensar que la familia va a funcionar al igual que la primera familia del matrimonio. La expectativa de que todos van a "llevarse bien" de inmediato y amar a los demás es una fantasía. En realidad, la mayoría de las familias mezcladas deben construir la nueva familia al entender primero la singularidad de una familia mezclada (o reconstruida) y su funcionalidad.

Reglas de vuelo comunes en las familias reconstruidas

• El vinculo padres / hijos biológicos existía antes del matrimonio.

• El nuevo cónyuge recibe una familia instantánea en el matrimonio, no poco a poco a través del parto.

• A menudo, uno de los padres biológicos del niño(a) vive en otro lugar.

• Los niños pueden tienen derechos de visitas y de desplazarse a la casa de su padre/madre.

• El ex cónyuge a menudo se involucrará en la paternidad compartida con uno de los cónyuges en la nueva relación.

• Algunos o incluso la totalidad de los nuevos miembros de la familia ya han experimentado la pérdida por el divorcio o la muerte.

"Los padres tienen que recordar y aceptar el hecho de que mientras que ponen fin a un matrimonio, nunca dejarán de ser padres", dijo Ron Deal, orador y autor de *La familia reconstruida inteligente: Siete pasos para una familia sana.* Mientras que usted puede estar aliviado de estar fuera de su matrimonio anterior, sus hijos han vivido una crisis de transición. Qué tan bien se recuperan de la crisis tiene mucho que ver con usted. La clave del éxito de co-paternidad es separar la disolución de su matrimonio de las responsabilidades que los padres mantienen."[5]

La terapeuta de matrimonios y familias Elizabeth Einstein, en su libro, *La familia reconstruida: Vivir, Amar y Aprender,* esboza algunos consejos importantes de preparación para el nuevo matrimonio. Einstein dice: "Uno de los mayores complejos en las relaciones familiares es la segunda familia (la reconstruida), una configuración resultante de un nuevo matrimonio con hijos. Su misma existencia es producto de la muerte o el divorcio. Nadie se olvida de esto, el temor a su repetición es parte de la frágil base de la familia ensamblada. Esta familia enfrenta una tarea difícil. Sin embargo, pocas personas entienden sus dinámicas especiales, y esta falta de conocimiento puede conducir al caos."[6] Algunos expertos dicen que el proceso de duelo puede tomar de tres a cinco años en completarse. La muerte de un cónyuge, la separación del matrimonio y el divorcio son fuentes inmensos de estrés, y los procesos de duelo para cada uno son similares. Sin embargo, cuando se produce el divorcio, hay que funcionar a través de los problemas emocionales y económicos con un ex cónyuge mientras se adapta a un nuevo estilo de ser padres.

"Cualquier matrimonio es un mezcla de dos familias, no sólo de dos personas", dice Ben Silliman, especialista en estudios de la extensión de vida de la familia, en la Universidad de Wyoming. Comúnmente traen expectativas para el matrimonio que reflejan los de la familia de origen, amigos y de relaciones anteriores. Al casarse, se unen las tradiciones y expectativas de dos familias: la de él y la de ella.

"Entonces, lo importante es que los individuos de la pareja tomen conciencia de las expectativas del otro antes de ir al altar. Definir las expectativas de cada uno es esencial para el éxito de cualquier relación matrimonial o de pareja, porque el comportamiento y las expectativas pueden ser importantes para la cooperación y la satisfacción", dijo Silliman.

¿Qué dice la Biblia acerca de las familias reconstruidas?

Las familias cristianas reconstruidas o mezcladas se están volviendo más comunes. 1 Timoteo 3:4 da dirección a los hombres a que lideren en sus familias y enseñen a los hijos a que respeten a los padres. Las esposas tienen la responsabilidad de enseñar lo que es correcto, presentarse con dominio propio y pureza, y luego instar a las mujeres jóvenes a amar a sus maridos y a sus hijos (Tito 2:3-5). Proporcionar ayuda a nuestros parientes, especialmente los que viven en nuestro hogar, es especialmente importante para los creyentes en Cristo (1 Timoteo 5:8). Los niños deben ser obedientes a honrar a sus padres, el primer mandamiento con promesa (Efesios 6:1-3). El cuidado de los padres y abuelos se convierte en deber de los hijos a medida que crecen (1 Timoteo 5:4).

Al priorizar nuestra relación con Dios, y si nosotros lo ponemos en el centro del matrimonio, Él se convierte automáticamente en el centro de la familia. La primera pareja: Adán y Eva, fueron creados por Dios. Él formó a Eva de la costilla de Adán, lo que demuestra cómo los hombres y las mujeres tienen que dejar a sus padres para estar unidos junto con su cónyuge para siempre (Génesis 2:24, Mateo 19:05). Un matrimonio saludable construye una familia fuerte. Los padres a veces tienen diferentes ideas sobre cómo disciplinar a los niños. Sin embargo, es vital que el consenso se alcance con antelación. Dos familias que forman una familia reconstruida vienen de hogares diferentes y reglas diferentes. Es fundamental establecer reglas disciplinarias y ser consistentes con todos los niños. No permita que los hijos pongan a uno de los padres contra el otro, y no se diluyan o rompan las reglas de la casa. Siempre se debe disciplinar a los hijos con amor y sabiduría de Dios (Efesios 6:4).

"Sabemos que el 60 por ciento de todos los nuevos

matrimonios terminan en divorcio", dijo Elizabeth Einstein, una conocida experta en familias reconstruidas. "Esta estadística no tiene por qué ser tan alta. Hay maneras en que las parejas pueden prepararse para un nuevo matrimonio y reducir significativamente el riesgo de divorcio".

Einstein sugiere considerar los siguientes puntos para las parejas que planean entrar en una nueva familia.[7]

• Reconocer y afrontar las pérdidas.

o Es importante validar las pérdidas para todos los individuos involucrados.

• Desarrollar sólidas relaciones entre cada uno.

• Asegúrese de que ha tratado con el bagaje/equipaje de sus relaciones anteriores para que pueda enfocarse en hacer que su nueva relación funcione.

o Establezca directrices claras para hacer frente a los ex-cónyuges, las finanzas y los desafíos en la etapa de crianza incluyendo el espacio personal para los hijos que puedan estar viviendo con su ex-cónyuge antes de la boda.

• Involucrar a los hijos(as).

o Sea intencional en traer juntas las dos familias para llegar a conocerse unos a otros. Mantenga abiertas las líneas de comunicación con los hijos para que sepan lo que está pasando. Algunas parejas incluyen a sus hijos en la boda.

• Hable de su estrategia de disciplina.

o Es fundamental acordar cómo se llevará a cabo la disciplina. Los padrastros deben asumir lentamente el papel de la disciplina a los hijastros.

• Aceptar los cambios continuos en el hogar.

o Debido a la singularidad de su nueva familia, se necesitará tiempo para que las personas se sientan seguras. Usted debe reconocer que sucederán algunas cosas que están totalmente fuera de su control.

• Recuerde, no hay ex-padres, solo los ex cónyuges.

o No importa lo fuerte que puedan ser sus sentimientos a su ex-cónyuge, él/ella sigue siendo una parte importante de la vida de su hijo.

Lista de verificación previa al vuelo

Muchas veces los segundos y terceros matrimonios traen desafíos que no experimentaron en el primero. Considere la posibilidad de un debate serio sobre estos temas y cómo va a superarlos antes de volverse a casar.

• Edad. Si usted y su pareja potencial tienen una diferencia de edad significante, considere cómo se verá afectada la relación. Si su nuevo cónyuge tiene hijos casi de su edad, ¿qué expectativas y pensamientos traen al matrimonio? ¿Cómo van a ser afectados los hijos por tener un padrastro (madrastra) que de otro modo podría ser un hermano (hermana)?

• Paternidad instantánea. Si uno o ambos tienen hijos de un matrimonio anterior, tenga en cuenta los ajustes que los hijos podrían experimentar. ¿Qué pasaría si este matrimonio les lleva a ser padres por primera vez?.

• Adicciones pasadas. ¿Alguno de ustedes experimentaron adicciones en el pasado? Si es así, discutir cómo el nuevo matrimonio puede influir en esas decisiones de comportamientos pasados. ¿Cómo trabajaría a través de una recaída?.

• Enojo. Cada uno de ustedes puede tener algo de ansiedad subyacente e ira hacia su ex cónyuge. ¿Cómo va a manejar esos desafíos cuando se presenten, sobre todo si se trata de los hijos? ¿Alguno de los dos consideró recibir asesoramiento acerca del 'manejo de la ira'?

• Diferencias culturales. Viniendo de diferentes culturas y orígenes puede crear enormes dificultades en la nueva relación. La pareja anterior puede luchar por la custodia sobre la base de no querer que los niños sean expuestos a ciertas costumbres, religiones o creencias. Otros puntos a tener en cuenta se detallan en el capítulo 14, Manejo de las diferencias culturales.

• Problemas médicos. Sea intencional para discutir cualquier problema médico que su nueva pareja puede haber experimentado o está actualmente bajo cuidado. Busque el consejo de profesionales en cuanto a subrogarse a decisiones y alternativas de vida que da. Sea especialmente consciente de las enfermedades de transmisión sexual, que ustedes hayan experimentado.

• Celos. No importa lo bien que se prepare, los celos se levantaran en la nueva relación. La simple mención de su ex-cónyuge puede desencadenar sentimientos de resentimiento, amargura, hostilidad y mucho más. Considere la posibilidad de un debate serio sobre cómo usted y su cónyuge potencial superarán esos momentos cuando vengan los celos.

Lista de verificación

No sugerimos buscar maneras de crear problemas. Sin embargo, una discusión de los problemas potenciales puede ser útil. Las parejas deben utilizar técnicas simples como lluvia de ideas para establecer canales de comunicación y cómo podrían trazar una ruta alrededor o a través de las circunstancias difíciles. Esto ayudará a ventilar las preocupaciones y a anticipar cómo se manejarán las situaciones que puedan surgir. Algunas tormentas comunes que pueden presentarse son:

- Las reacciones negativas de los hijastros(as)

- ¿Cómo manejar las vacaciones?

- ¿A cuál iglesia asistir?

- Anticoncepción

- Finanzas

Muchos matrimonios reconstruidos son victoriosos y traen enorme placer a las parejas y familias. La fuerza y las habilidades de los adultos pueden reflejar la estabilidad de un nuevo matrimonio, así que sea consciente de las posibles áreas problemáticas para ayudase a enfrentar situaciones difíciles con madurez.

Referencias bíblicas:

Nehemías 4:14 – *"Luego de examinar la situación, me levanté y dije a los nobles y gobernantes, y al resto del pueblo: «¡No les tengan miedo! Acuérdense del Señor, que es grande y temible, y peleen por sus hermanos, por sus hijos e hijas, y por sus esposas y sus hogares.»"*

1 Timoteo 3:4 – *"Debe gobernar bien su casa y hacer que sus hijos le obedezcan con el debido respeto;"*

Tito 2:3-5 – *"A las ancianas, enséñales que sean reverentes en su conducta, y no calumniadoras ni adictas al mucho vino. Deben enseñar lo bueno y aconsejar a las jóvenes a amar a sus esposos y a sus hijos, a ser sensatas y puras, cuidadosas del hogar, bondadosas y sumisas a sus esposos, para que no se* *hable mal de la palabra de Dios."*

1 Timoteo 5:8 – *"El que no provee para los suyos, y sobre todo para los de su propia casa, ha negado la fe y es peor que un incrédulo."*

Efesios 6:1-3 – *"Hijos, obedezcan en el Señor a sus padres, porque esto es justo. «Honra a tu padre y a tu madre —que es* el primer mandamiento con promesa—para que te vaya bien y disfrutes de una larga vida en la tierra.»"

Mateo 26:38 – *' «Es tal la angustia que me invade, que me siento morir —les dijo—. Quédense aquí y manténganse despiertos conmigo.»"*

Recursos recomendados:

Rosberg, Gary, and Barbara Rosberg. *Divorce Proof Your Marriage*. Wheaton, IL: Tyndale House, 2004.

Marsolini, Maxine. Blended Families; *Creating Harmony as You Build a New Home Life*. Chicago: Moody, 2000.

Murphy, Jeffrey, and Charles Dettman. *The Solution for Marriages: Mentoring a New Generation*. Jupiter, FL,: Today's Promise, 2011.

Deal, Ron L. The Smart Stepfamily. Minneapolis, MN: Bethany House, 2006.

Para obtener más información sobre la construcción exitosa de familias reconstituidas ir al Centro nacional de recursos para familias reconstruidas: www.stepfam.org/

Capítulo 16

La confianza
El vuelo llega con éxito a su destino

Información previa al vuelo:

El elemento más importante en un matrimonio es la confianza. Sin confianza no hay relación o matrimonio. Desde la infancia, buscamos y necesitamos relaciones en las que nos sintamos que estamos bien atendidos, podemos expresarnos y sentirnos seguros. Mucha gente habla de la confianza en una relación, pero ¿qué es la confianza? Si usted no confía en su esposo(a), usted es más propenso a estar irritado, preocupado, desanimado, enojado, triste, ansioso, estresado, y más. Pero, si usted confía en su esposo(a), hay respeto compartido, sienten más protección, y más honestidad en el amor, la comunicación y la intimidad. En pocas palabras, la falta de confianza es muy perjudicial para el matrimonio.

La confianza siempre puede ser un área de crecimiento en su matrimonio, independientemente de lo nuevo o sazonado que esté. La confianza es el componente vital para cualquier relación matrimonial saludable. Usted debe tener la intención de crear un establecimiento sólido de confianza en su matrimonio; hacerlo le permitirá construir una familia que impactará a las generaciones por venir.

Los matrimonios son santificados y necesitan ser tratados con el mayor cuidado, deben crecer y fortalecer el amor. La confianza es el vínculo que une los matrimonios. Siempre esté consciente de hacer que sus acciones fortalezcan continuamente la confianza, no la debiliten. La confianza rota es muy difícil de reparar en un matrimonio.

La confianza es la base que hace que las relaciones funcionen. Es el proceso fundamental de amor e intimidad. Cuando perdemos la confianza, perdemos la seguridad, el respeto, el amor y la amistad; cedemos a la ira, la inseguridad, la ansiedad y el miedo. Cuando estamos angustiados, nos convertimos en sospechosos, actuando como el FBI, la CIA, o la policía. Buscamos a través de teléfonos celulares, correos electrónicos y cuestionamos a nuestra pareja. Nuestras vidas se entrelazan con desacuerdos, tanto grandes e insignificantes, y se centran en el desacuerdo, en lugar de confiar en el valor nominal de la conversación.

El ayudante de navegación - *Táctica aérea para la navegación*

1. Hay que ser completamente sincero.

La mentira y la negación solo traerá más desconfianza. Así, la clave es estar en la verdad y tener la motivación para ser responsable de sus acciones. Sin embargo, en una aparente desconfianza, los detalles, a veces pueden ser más perjudiciales y pueden aumentar el dolor. Trate de no dedicar demasiado tiempo a ellos y enfóquese en lo que hay que hacer para corregir el comportamiento inapropiado.

2. Nunca funciona estar a la defensiva.

La sinceridad para trabajar a través de los problemas es importante. Sin una auténtica cercanía a la verdad, la legitimidad estará ausente. Controle su ira para poder "escuchar" a su cónyuge (Santiago 1:19-20).

3. Hablar del "porqué" lo hizo.

Compartiendo la lucha, entendiendo la necesidad de ayudarse, y reconociendo cómo se llegó allí disminuirá las posibilidades de futuros incidentes. Cualquiera que sea la dificultad en su matrimonio (adicciones, soledad, alienación u otros), debería considerar tomar la iniciativa de buscar consejería cristiana para que puede hablar de sus sentimientos, lo que causó la incorrección, y más.

4. Ser un "libro abierto".

Esto significa ser "completamente transparente y sincero". Abra los teléfonos celulares, correos electrónicos, sitios de la internet y calendario de actividades. Para usted probablemente, este será el ejercicio más difícil debido a cómo ha vivido en el pasado. Usted puede sentir que su privacidad es violada o sentirse indignado acerca de compartir. Este es el momento de preguntarse qué es más importante: ¿su relación matrimonial o su libro cerrado? Una vez que ha tomado las medidas para compartir 'todo', usted experimentará paz y alivio. Sentirá que se quitó una maleta de 300 libras de su espalda.

5. Sea consciente de las necesidades e intereses de su cónyuge.

Cuando toma decisiones que beneficien a usted y su pareja, sus necesidades serán satisfechas simplemente siendo consciente de las necesidades de su cónyuge y reconocerlas más a menudo. La mayoría de las relaciones crecen más sanas cuando se alcanza un equilibrio entre la satisfacción de sus necesidades y las de su cónyuge. Recuerde que su cónyuge está mirando su éxito, en última instancia, este conduce a que se cumplan las necesidades e intereses de ambos.

Ejercicios en el vuelo - *El tráfico en la pantalla*.

Renovar la confianza no es sólo escoger, es una elección cotidiana por la vida. Se trata de volver a que su hogar funcione para usted y su cónyuge. Una relación clara y abierta es valiosa en un matrimonio. Mentir, engañar, robar de nosotros mismos y otros actos negativos sólo traen pérdida de lo que más valoramos. Pedir ayuda no es vergonzoso, en realidad es admirable. Si necesita ayuda, ¡lo conseguirá! Si hay que hacer cambios, ¡hágalo! Establecer la confianza en el matrimonio es algo grandioso, por lo tanto, cuídelo de esa manera. La confianza es un proceso muy delicado, a veces intimidante, compuesto de muchos elementos. Una relación puede agriarse rápidamente si la confianza no se gestiona adecuadamente. Incorrectamente procesados, los resultados serán ira, pesar y desconfianza. La restauración de la confianza es un gran evento de aprendizaje, que lleva a nivel mayor de amor, intimidad y comprensión.

Algunos ejercicios útiles para restablecer la confianza:

• Lo primero es usted. Busque un grupo de apoyo para ayudarle a manejar sus emociones y sentimientos. La experta en relaciones y psicoterapeuta Tammy Nelson, Ph.D., sugiere tomar cuidado de sí mismo, tanto físico como emocional, y recomienda descansar lo suficiente y practicar yoga o meditación. Concentrarse en sus necesidades es un tipo de amor propio.

• Emplear su intuición. La Dra. Nelson, dice que es necesario trabajar en confiar en nuestra propia intuición antes de intentar confiar en nuestro esposo(a). A veces, el sentido de la intuición es el mayor indicador de la futura honestidad de su pareja.

• Buscar terapia de parejas o grupo. Existen muchos

consejeros laicos muy bien formados y profesionales con licencia que le pueden guiar a través del proceso para restablecer la confianza. Si eligen el método del grupo, la experiencia de otras parejas que reparan su matrimonio puede ser un mecanismo de apoyo de poco valor. Ten presente que cuando tienes una terapia profesional individualizada es el/ella quien te dice que hacer.

• ¿Qué estaba sucediendo en su relación antes de la desconfianza? No trate de culparse o culpar a su cónyuge. La elección era exclusivamente de él / ella, pero la responsabilidad de solucionar es de ambos. Hacer una evaluación de los eventos que causaron la desconfianza puede ayudar a prevenir futuras experiencias similares. Esperamos que usted será capaz de identificar y poner solución al asunto, esto le dará una razón más para asegurar el éxito a medida que avanza.

• Crear un entendimiento claramente definido para la rendición de cuentas y la deshonestidad. La falta de honradez no puede existir si quiere tener éxito en su matrimonio. La rendición de cuentas es esencial en la construcción de la confianza. Un modelo de rendición de cuentas permitirá una mayor confianza con él/ella.

• ¿Qué pasa si su cónyuge viola su confianza de nuevo? Desarrolle límites y consecuencias si su pareja viola la sacralidad de su relación de nuevo. Establezcan reglas claras y concisas, ya que están comprometidos con suficiente antelación de otra infracción. Lo más importante es buscar la guía y la sabiduría de Dios al establecer sus normas.

Lista de verificación - *Plan estratégico de operación*

Si desea profundizar la confianza entre usted y su pareja, trate estos 10 consejos:

1. Lo que se dice en la relación se mantiene en la relación. Una de las maneras más fáciles de destruir la confianza es decirle a otros lo que su pareja ha compartido en forma confidencial.

2. La comunicación en tiempo real (cara a cara) con su cónyuge. Aparte un tiempo cada día para comunicarse con su cónyuge. No se confíe en los mensajes de texto, correos electrónicos y llamadas telefónicas para 'conversar' con su cónyuge. La comunicación personal construye un sentido de confianza y seguridad mientras sea cada vez más abierto y vulnerable.

3. ¿Cuáles son los intereses de su cónyuge? Sea considerado y haga más por él o ella. Usted se sorprenderá por la reacción cuando su pareja sabe que puede contar con usted. Si él / ella sabe que puede contar en el corazón con usted en sus intereses, él / ella va a querer compartir aun más sus más profundos sentimientos y deseos con usted.

4. Asegúrese de cumplir aun las pequeñas promesas. Por ejemplo, si usted dice que va a recoger el traje de la limpieza en seco/tintorería, entonces ¡hágalo! Las pequeñas cosas importan. Los pasos de bebé hacia la creación de confianza conducen a formar una fuerte base sólida.

5. Ofrezca disculparse cuando se equivoca o decepciona a su pareja. No se debe abusar, hay que ser sincero y auténtico. Así, su cónyuge será más receptivo si él / ella siente que es importante y asume responsabilidad por sus

acciones. Lo más importante es validar y entender los sentimientos de su pareja, y el impacto que sus acciones tienen sobre él / ella.

6. Trate de aprender más acerca de su pareja. Comparta más profundamente su historia personal y acerca de si mismo. El objetivo es encontrar un equilibrio en el intercambio. La confianza no es de un solo lado, ambos deben estar a gusto compartiendo.

7. El tiempo libre es precioso. Aun cuando somos dos personas con diferentes gustos, pasar tiempo juntos y hacer las cosas que hacen feliz a cada uno es importante. La confianza sigue a la buena voluntad de experimentar algo nuevo que es sugerido por su esposo o esposa. La construcción conjunta de lazos más fuertes genera una confianza más potente.

8. El perdón es una experiencia que se aprende con su esposo o esposa. Todos nos enojamos con los demás, pero debemos aprender a "dejarlo ir", cuando lo comunica fortalece la confianza.

9. Pase algún "tiempo a solas" para ponerse al día con usted mismo. Pregunte a sus amigos y familia por su punto de vista sobre su relación. Usted se sorprenderá de lo beneficioso que una opinión honesta puede ayudarle a crecer. Usted puede obtener información valiosa que ayude a confiar aun mas en su pareja.

10. Resista las malas situaciones y regocíjese en las caídas. Nuestra confianza puede subir y bajar mientras navegamos en la vida. Busque maneras de restaurar la confianza con su cónyuge, para que su amor por él/ ella sea hoy mayor que cuando se conocieron.

Referencias bíblicas

Salmo 13:5 – *"Pero yo confío en tu gran amor; mi corazón se alegra en tu salvación."*

1 Juan 4:18 – *"sino que el amor perfecto echa fuera el temor. El que teme espera el castigo, así que no ha sido perfeccionado en el amor."*

Romanos 15:13 – *"Que el Dios de la esperanza los llene de toda alegría y paz a ustedes que creen en él, para que rebosen de esperanza por el poder del Espíritu Santo."*

Lucas 16:11 – *"Por eso, si ustedes no han sido honrados en el uso de las riquezas mundanas, ¿quién les confiará las verdaderas?*

Recursos recomendados

Block, Joel D. Broken Promises, Mended Hearts: *Maintaining Trust in Love Relationships*. Lincolnwood, IL: Contemporary, 2001.

Roseberg, Gary, and Barbara Rosberg. *Healing the Hurt in Your Marriage*. Wheaton, IL: Tyndale House, 2004.

Smalley, Gary, and Ted Cunningham. *From Anger to Intimacy*: How Forgiveness Can Transform Your Marriage. Ventura, CA: Regal, 2009.

Chapman, Gary D., and Jennifer Thomas. *The Five Languages of Apology: How to Experience Healing in All Your Relationships*. Chicago: Northfield Pub., 2006.

Capítulo 17

Las expectativas del matrimonio
La planificación del vuelo

Información previa al vuelo

Durante nuestros 25 años de consejería a novios muchas veces hemos preguntado: ¿Qué es lo que esperas de tu matrimonio? Sólo para escuchar: No sé. En verdad, nos entristece que la mayoría de las parejas ponen más énfasis a la ceremonia, al lugar donde vivirán, y otros 'imprescindibles' para la vida en común. Cuando se les pide explorar seriamente las ideas y compartir sus expectativas y metas con los demás, muchas parejas tienen dificultades para definir esas expectativas. Una vez más, nos sentimos consternados porque la respuesta más popular es debido a la falta de modelos a seguir: padres, familiares y amigos ejemplares.

La definición de expectativas es esencial para el matrimonio, porque el matrimonio es la unión de dos personas provenientes de diferentes familias, tradiciones y expectativas.

El Dr. John Epp, autor del programa P.I.C.K. (www.lovethinks.com), sugiere que una relación fuerte toma tres elementos: tiempo juntos, conversar activamente y mantener la unidad. Estos tres elementos son fundamentales para aprender más acerca de su futuro cónyuge. Según el Dr. John, la unidad permite ver a la persona en acción en muchas diferentes situaciones: diversión, en serio, a solas contigo, e interactuando con los demás. Las parejas empiezan a aprender unos de otros cuando ellos comienzan a salir, pasan tiempo en el teléfono, en el intercambio de correos electrónicos y en el envío de mensajes de texto.

A menudo, las parejas con expectativas diferentes experimentan más problemas en su relación. Por ejemplo, uno de los cónyuges siente que es importante dejar de lado la carrera profesional y criar a los hijos, y el otro espera que tengan un empleo a tiempo completo fuera del hogar. ¿Qué pasa con las expectativas de vacaciones o tiempo para visitar a sus familiares? Algunas de estas preguntas pueden ser mejor contestadas con el uso de las herramientas citadas en el Capítulo 10, *Los días festivos*, y el Capítulo 14, *Las diferencias culturales*.

Frecuentemente, al aconsejar a las parejas sugerimos el uso de las expectativas como un ejercicio para aprender más acerca de *escuchar activamente* y los métodos de *comunicación asertiva*. Grandes herramientas y definiciones para saber escuchar activamente y tener una comunicación asertiva se puede encontrar en el Capítulo 2, La comunicación.

Ayuda de navegación para el vuelo - *Programa de tierra retrasado*

Viajamos por la vida esperando resultados. Al entrar a la tienda de comestibles, esperamos los alimentos de la lista en la tienda. Durante el viaje por los caminos y carreteras de nuestra ciudad, esperamos que las señales de tráfico funcionen correctamente. Cuando el coche no arranca, la luz en la habitación no se enciende, o la bonificación no se incluyó en su cheque, inmediatamente se siente una sensación de frustración.

En lugar de estar constantemente frustrado por sus expectativas, haga una pausa durante unas horas o incluso días. Cuando usted se sienta más a gusto, la primera pregunta que debe hacerse es: ¿de dónde viene esta expectativa (tareas domésticas, finanzas, etc.)? Es a partir ¿de una observación de la infancia? ¿es la expectativa realista o irreal? ¿tienen los amigos y la familia algún impacto en su punto de activación?

En cualquier caso, para que la relación tenga éxito, el compromiso es esencial. Lo que puede parecer normal u obvio para usted, puede sorprender a su pareja y viceversa

Ejercicios en el vuelo - *En ruta, altitud, llegada y salida*

La Universidad de Texas sugiere los siguientes pasos para ayudar a mantener una relación positiva:

- Explique a su cónyuge cuáles son sus necesidades y expectativas, manteniéndolos dentro de lo razonable.

- Espere el tiempo y lugar correctos para negociar, discutir, y posiblemente llegar a un punto medio.

- No obligue a su cónyuge a aceptar sus expectativas y tampoco acepte los de él / ella por imposición.

- Comprendan y respeten mutuamente las diferencias, puntos de vista y deseos.

- Trabaje con honestidad y sinceridad en las diferencias críticas. Busque ayuda profesional si se estancan.

- Trate cuidadosamente a su cónyuge con amor y confianza. Asegúrese de expresar su deseo de trabajar por un proceso para lograr sus expectativas.

Lista de verificación - *Operaciones cortas en tierra.*

Muchas veces las personas confunden las expectativas cuando en realidad se complementan entre sí. Si se cumplen sus expectativas, usted sentirá un sentido de respeto. Por el contrario, si usted siente que su cónyuge es respetuoso, entonces usted sabrá que muchos de sus expectativas son entendidas y consideradas. A menudo, nos enfocamos en lo que estamos "recibiendo" de nuestro cónyuge, cuando en realidad deberíamos estar concentrados en el componente de "dar" respeto.

Algunos ejemplos:

• Diga sus palabras con cuidado. Tiene usted la intención de "castigar" a su pareja, o ¿usted está buscando más de consideración? Dependiendo del objetivo, la diplomacia podría funcionar mejor para usted.

• Reconocer las contribuciones. Dando crédito a su pareja por las cosas positivas que él / ella contribuye fomentará la confianza y el respeto. Comparta su aprecio, incluso durante los momentos de frustración. Ellos le llevarán a un resultado más productivo.

• Límites de honor. Frente a Él, todos tenemos nuestro "espacio" y no disfrutamos de la invasión de otros, incluyendo a nuestro esposo o esposa. Sea considerado, comprensivo y respete los límites personales.

• Compromiso. Ser respetado no significa que sus necesidades siempre tienen prioridad sobre las de su pareja. El llegar o acordar a un punto medio ofrece a la relación una flexibilidad necesaria para no desgarrar.

• Admita cuando está equivocado. Todos cometemos errores, pero admitirlo da fuerza a la relación. Una disculpa no debe indicar debilidad o ser una amenaza; es una señal de autoconfianza y autoestima.

• Gane respeto. Usted puede estar en una posición de honor o privilegio. Sin embargo, debe "ganarse" el respeto de los que le rodean. La posición puede exigir honra, pero usted, tiene que trabajar para ganarse el respeto como la persona para tener esa posición.

• Ser de carácter. Una persona de carácter es respetada mucho más fácilmente. Las personas con altos niveles de integridad rara vez causan daño a los demás, al contrario son de bien para la gente.

• Mostrar respeto. Para ser respetado debemos ser respetuosos.

Cuando respetamos a los demás, especialmente a nuestra pareja, somos capaces de superar las trivialidades de las diferencias, la inseguridad, las defensas y el miedo. El respeto a nosotros mismos y a nuestra pareja construye un matrimonio fuerte y saludable.

Referencias bíblicas

Marcos 10:6-9 – *"Pero al principio de la creación Dios "los hizo hombre y mujer"." Por eso dejará el hombre a su padre y a su madre, y se unirá a su esposa, y los dos llegarán a ser un solo cuerpo." Así que ya no son dos, sino uno solo. Por tanto, lo que Dios ha unido, que no lo separe el hombre."*

Efesios 5:22-24 – *"Esposas, sométanse a sus propios esposos como al Señor. Porque el esposo es cabeza de su esposa, así como Cristo es cabeza y salvador de la iglesia, la cual es su cuerpo. Así como la iglesia se somete a Cristo, también las esposas deben someterse a sus esposos en todo.*

Efesios 5:25-31 - *Esposos, amen a sus esposas, así como Cristo amó a la iglesia y se entregó por ella para hacerla santa. Él la purificó, lavándola con agua mediante la palabra, para presentársela a sí mismo como una iglesia radiante, sin mancha ni arruga ni ninguna otra imperfección, sino santa e intachable. Así mismo el esposo debe amar a su esposa como a su propio cuerpo. El que ama a su esposa se ama a sí mismo, pues nadie ha odiado jamás a su propio cuerpo; al contrario, lo alimenta y lo cuida, así como Cristo hace con la iglesia, porque somos miembros de su cuerpo"*

Recursos Recomendados

Larson, Jeffrey H. Should We Stay Together: *The Compatibility Test*. San Francisco, CA: Jossey-Bass, 2000

Capítulo 18

Tarjetas de Navegación

Los puntos de control a lo largo del viaje

Un recurso muy valioso son nuestras Tarjetas de Navegación, los cuales se pueden obtener en la sección de "Recursos" de nuestra página en la internet.

Las tarjetas sirven como "puntos de control" de navegación similares a los requisitos de vuelo para ¡informar acerca de la ruta, con los centros de control de vuelo! Cada baraja contiene 54 palabras, en relación al matrimonio, una en cada tarjeta. Cada palabra es apoyada por una Escritura. Esa palabra tiene la intención de provocar debate, pensamiento y fuerza a la pareja. Las Tarjetas de Navegación ayudan a las parejas a saber o afirmar en cual área están firmes y revelan fortaleza en su matrimonio. En otras ocasiones, van a descubrir una palabra que le da una oportunidad para el crecimiento (la llamamos ajuste de trayectoria de vuelo). Así, la pareja puede experimentar alegría y una mejor comprensión de su cónyuge mediante el uso de un simple conjunto de tarjetas.

¿Que importantes son las tarjetas para su discusión? Comience por seleccionar doce (12) tarjetas que contengan palabras significativas para usted en la discusión de hoy. Una vez que haya seleccionado sus tarjetas, comparta los resultados, teniendo en cuenta las palabras similares. Separe las tarjetas con palabras similares a un lado por ahora.

Ahora comparta por qué eligió las palabras (tarjetas), utilizando la comunicación asertiva y habilidades para escuchar activamente que aprendió en el Capítulo 2, *Comunicación* y el Capítulo 17, *Las Expectativas de Matrimonio*. Asegúrese de leer y compartir las Escrituras correspondientes a cada una de estas tarjetas, y luego explique a su pareja lo que la Escritura quiere decir en relación a la discusión de hoy.

Ordene las tarjetas de nuevo, incluyendo las tarjetas con palabras similares, disminuyendo su selección a seis tarjetas. Compare su selección con su cónyuge de nuevo. Una vez más, deje de lado todas las tarjetas con palabras similares. Explore una vez más, ¿por qué estas tarjetas siguen siendo importantes para usted en esta conversación? (No utilice la misma descripción que utilizó anteriormente, debido a que la razón por la que eligió estas tarjetas tiene un significado más profundo para usted ahora, que unos pocos minutos antes).

Reúna sus tarjetas juntas una vez más, incluyendo las que usted puso a un lado. Ordene las tarjetas de nuevo, pero esta vez, seleccione la palabra más significativa solo para usted. Ahora compare este resultado con la elección de su cónyuge. ¿Ha elegido una tarjeta con la misma palabra o una tarjeta única? Estas tarjetas y las Escrituras son las más importantes en su relación en este momento. Lean el versículo el uno al otro, compartan la palabra, analicen y discutan por qué ha elegido esta tarjeta. Hable con sinceridad y amor. Asegúrese de que usted no está hablando con un tono de agresividad, desconfianza o incredulidad. Sea positivo al elegir frases amables y amorosas.

Recuerde que la discusión y las decisiones serán diferentes, ya que el tema de discusión no es el mismo. (Incluso si el tema es similar, la discusión va a cambiar, porque los elementos que conducen al diálogo difieren). Las palabras y la Escritura para cada conversación serán únicas para que el intercambio tenga una especial incidencia en el resultado.

Use las tarjetas a menudo, le ayudara a obtener una mejor comprensión de su cónyuge y de usted mismo. Combínelos con los pasos de resolución de conflictos, discusiones, perdón, técnicas de control de estrés y más.

Recursos adicionales, actualizaciones y material descargable está disponible en www.themarriage-journey.com/free-downloads.html

Notas Finales

Capítulo 1: Nuestra unión en Cristo - *Dios el piloto, Nosotros los co-pilotos*

1. Stoop, Jan, and David A. Stoop. *When Couples Pray Together: Creating Intimacy and Spiritual Wholeness*. Ann Arbor, MI: Vine, 2000. 9.

2. Price, Rev. Bill. "Bible Prayer Fellowship - About Us." *Bible Prayer Fellowship - Teaching United Prayer*. Bible Prayer Fellowship - Teaching United Prayer, 2011. praywithchrist.org/aboutus.php.

3. Burns, Jim. 'Grow Towards Spiritual Intimacy in Your Marriage." *Grow Towards Spiritual Intimacy in Your Marriage*. Crosswalk com, 26 July 2007. Web. 15 Jan. 2014. http://www.crosswalk.com/family/marriage/grow-towards-spiritual-intimacy-in-your-marriage-1407864.html.

Capítulo 2: La comunicación - *La torre de control llama*

1. For more on the Imago Dialogue, go to gettingtheloveyouwant.com/articles/imago-dialogue-101

2. Adapted from Murphy, Jeff and Dettman, Chuck, The Solution for Marriages, CreateSpace, Jupiter, FL, 2011, Pg. 51.

3. Ibid.

4. Olson, David H. L., and Amy K. Olson. *Empowering Couples: Building on Your Strengths*. Minneapolis, MN: Life Innovations, 2000. Pg. 31.

Capítulo 3: Manejar el estrés - *Un viaje sin problemas*

1. Peter J. Larsen, Ph.D., and David H. Olsen, Ph.D., Popadic, Tim, MFT, *Couple Checkup & Date Nights @ Chick-fil-A*. A Community Based Marriage Enrichment Campaign. Roseville, MN: Life Innovations, 2011. *Couple Checkup &*

Date Nights @ Chick-fil-A. Chick-fil-A, Couple Check-up, Marriage Alive, 1 June 2011. Web. 14 Nov. 2013.

2. Holmes TH, Rahe RH (1967). "The Social Readjustment Rating Scale". J Psychosom Res 11 (2): 213–8. Commonly known as the Holmes and Rahe Stress Scale. Adapted by authors.

Capítulo 4: Resolución de conflictos - *Navegando en la turbulencia*

1. Gottman, John Mordechai, and Nan Silver. *The Seven Principles for Making Marriage Work*. New York: Three Rivers, 1999.27

2. Scott Stanley and others, *A Lasting Promise: A Christian Guide to Fighting for Your Marriage*, (San Francisco: Jossey-Bass, 1998), 115-137.

3. Gottman, John, and Nan Silver. *The Seven Principles for Making Marriage Work*. New York, NY: Three Rivers, 1999.27

4. Gottman, John, and Nan Silver. *The Seven Principles for Making Marriage Work*. New York, NY: Three Rivers, 1999.40

Capítulo 5: El perdón - *Deje que Dios controle su corazón*

1. Sande, Ken. *The Peacemaker: A Biblical Guide to Resolving Personal Conflict*. 3rd ed. Grand Rapids, MI: Baker, 1997. Sixth Printing, October 2006.

2. Ibid.

3. (2010-04-01). The New Oxford American Dictionary (Kindle Locations 168792 and 424149-424150). Oxford University Press. Kindle Edition.

Capítulo 6: La administración del dinero

1. "Life of Hudson Taylor, Founder of the China Inland Mission." *Life of Hudson Taylor, Founder of the China*

Inland Mission. Truthnet.org, n.d. Web. 11 Aug. 2013. http://www.truthnet.crg/Christianity/biography/HudsonTaylo r/Chapter3.htm

2. Blue, Ron, and Jeremy White. *Faith-based Family Finances*. Carol Stream, IL: Tyndale House, 2008.

3. Ramsey, Dave. "Marriage-Risking Money Secrets." CBS News, The Early Show. *CBSNews*. CBS Interactive, 22 Apr. 2009. Web. 11 Aug. 2013. http://www.cbsnews.com/stories/2008/02/12/earlyshow/contr ibutors/daveramsey/main3820349.shtml.

4. Rockefeller, Sr., John D. *Give Him the First Part*. Campus Crusade for Christ International, 25 May 2011. ccci.org/training-and-growth/devotional-life/todays-promise/tp0525.htm

Capítulo 7: La internet, los medios sociales y los amigos - *Protección de su trayectoria en un vuelo intercontinental*

1. "Big Surge in Social Networking Evidence Says Survey of Nation's Top Divorce Lawyers." *AAML National*. American Academy of Matrimonial Lawyers, 10 Feb. 2010. Web. 23 Aug. 2013. http://www.aaml.org/about-the-academy/press/press-releases/e-discovery/big-surge-social-networking-evidence-says-survey-

2. Blue, Ron, and Jeremy White. *Faith-based Family Finances*. Carol Stream, IL: Tyndale House, 2008.

3. Mogal, Rich. "Protect Your Privacy: Take Control of Social Networking." *Macworld*. MacWorld.com, 23 Feb. 2011. Web. 23 Aug. 2013. http://www.macworld.com/article/1158122/protect_privacy_s ocial_networks.html

Capítulo 8: Impacto de la convivencia, unión libre o concubinato

1. VanGoethem, Jeff. *Living Together: a Guide to Counseling Unmarried Couples*. Grand Rapids, MI: Kregel Academic &

Professional, 2005. 105.

2. Jason, Sharon. "Cohabiting Has Little Effect on Marriage Success." USA Today. USA Today, 14 Oct. 2010. http://usatoday.com/news/health/2010-03-02-cohabiting02_N.htm

3. Binstock, Georgina, and Arland Thornton. "Separations, Reconciliations, and Living Apart in Cohabiting and Marital Unions." *Journal of Marriage and Family* 65.2 (2003): 432-43.

4. Hill, PhD, John R., and Sharon G. Evans, MA. "Effects of Cohabitation Length on Personal and Relational Well Being." Alabama Policy Institute, 3 Aug. 2006. Alabamapolicy.org/pdf/cohabitation.pdf.

5. Bennett, Neil G., Ann Klimas Blanc, and David E. Bloom. "Commitment and the Modern Union: Assessing the Link between Premarital Cohabitation and Subsequent Marital Stability." *American Sociological Review* 53.1 (1988): 127-38. jstor.org/pss/2095738; T. K. Burch & A. K. Madan, Union Formation and Dissolution: Results from the 1984 Family History Survey (Ottawa: Statistics Canada, Catalogue No. 99-963) (1986); Catherine Cohan & Stacey Kleinbaum, "Toward a greater understanding of the cohabitation effect: Premarital cohabitation and marital communication." *Journal of Marriage and the Family* 64 (2002): 180-192; D. M. Fergusson, L. J. Horwood, & F. T. Shannon, "A proportional hazards model of family breakdown." *Journal of Marriage and the Family* 46 (1984) 539-549; and Zheng Wu, "Premarital cohabitation and post marital cohabiting union formation." *Journal of Family Issues* 16 (1995) 212-232.

6. Susan L. Brown, "Union Transitions Among Cohabiters: The Significance of Relationship Assessment and Expectations." *Journal of Marriage and the Family* 62 (2000): 833-846.

7. McManus, Michael J., and Harriett McManus. Introduction. *Living Together: Myths, Risks & Answers*. New York:

Howard, 2008. 60-61.

8. Hall, David R., and John Z. Zhoa. "Cohabitation and Divorce in Canada." *Journal of Marriage and the Family* May (1995): 421-27.

9. Stanley, Scott. *The Power of Commitment: a Guide to Active, Lifelong Love*. San Francisco: Jossey-Bass, 2005. 152.

10. Hill, PhD, John R., and Sharon G. Evans, MA. "Effects of Cohabitation Length on Personal and Relational Well Being." Alabama Policy Institute, 3 Aug. 2006. 12.

11. All About Cohabitating Before Marriage, Psychological Reasons, members.aol.com/cohabiting/index.htm July 1999

12. Hill, PhD, John R., and Sharon G. Evans, MA. "Effects of Cohabitation Length on Personal and Relational Well Being." Alabama Policy Institute, 3 Aug. 2006. 3.

13. McManus, Michael J. *Marriage Savers: Helping Your Friends and Family Stay Married*. Grand Rapids, MI: Zondervan Pub. House, 1993.

14. Gordon, Serena. ""Marriage" - Jim L. Wilson." *Sermons.Logos.com*. Fresh Ministry, Jan. 2009. sermons.logos.com/submissions/80537-Marriage.

15. Catherine Cohan & Stacey Kleinbaum, "Toward a greater understanding of the cohabitation effect: Premarital cohabitation and marital communication." *Journal of Marriage and the Family* 64 (2002): 180-192.

16. DeMaris, A., and G. R. Leslie. "Cohabitation with Future Spouse: Its Influence upon Marital Satisfaction and Communication." *Journal of Marriage and Family* 46 (1984): 77-34.

17. Stafford, Laura, Susan L. Klein, and Caroline T. Rankin. "Married Individuals, Cohabiters, and Cohabiters Who Marry: A Longitudinal Study of Relational and Individual Well-Being." *Journal of Social and Personal Relationships*

April.21 (2004): 231-48.

18. Dush, Claire M. Kamp, Catherine L. Cohan, and Paul R. Amato. "The Relationship Between Cohabitation and Marital Quality and Stability: Change Across Cohorts?" *Journal of Marriage and Family* 65.3 (2003): 539-49.

19. Stanley, S. M., S. W. Whitton, and H. J. Markman. "Maybe I Do: Interpersonal Commitment and Premarital or Non-marital Cohabitation." *Journal of Family Issues* 25 (2004): 496-519.

20. Harley, Jr., Ph.D, William F. "Meet Dr. Harley." *Marriage Builders ® - Successful Marriage Advice*. Marriage Builders ®. 27 June 2011. marriagebuilders.com/graphic/mbi2000_meet.html.

21. DeMaris, Alfred, and William MacDonald. "Premarital Cohabitation and Marital Instability: A Test of the Unconventionality Hypothesis." *Journal of Marriage and the Family* 55 (1993): 399-407.

22. Downridge, Douglas A., and Silvia S. Halli. "'Living in Sin' and Sinful Living: Toward Filling a Gap in the Explanation of Violence against Women." *Aggression and Violent Behavior* November-December 5.6 (2000): 565-83. *Science Direct*. Science Direct, 16 Nov. 2000. sciencedirect.com/science/article/pii/S1359178999000038.

23. McManus, Mike. "Articles: Better Together? Only in Holy Matrimony, Not in Cohabitation." *Marriage Resources for Clergy @ Marriageresourcesforclergy.com*. Marriage Resources for Clergy, 13 Mar. 2008. http://www.marriageresourcesforclergy.com/site/Articles/articles017.htm.

24. Brown, S., and A. Booth. "Cohabitation versus Marriage: A Comparison of Relationship Quality." *Journal of Marriage and Family* 58 (1996): 667-68.

25. Catherine Cohan & Stacey Kleinbaum, "Toward a greater

understanding of the cohabitation effect: Premarital cohabitation and marital communication." *Journal of Marriage and the Family* 64 (2002): 180-192. doi: 10.1111/j.1741-3737.2002.00180.x

26. VanGoethem, Jeff. *Living Together: a Guide to Counseling Unmarried Couples.* Grand Rapids, MI: Kregel Academic & Professional, 2005. 48-49.

27. Wilcox, Ph.D, W. Bradford. "Why the Ring Matters." *New York Times* [New York] 20 Dec. 2010. nytimes.com/roomfordebate/2010/12/19/why-remarry/why-the-ring-mattershusbandsanddads.com

Capítulo 10: Los días festivos - *Reserve temprano su viaje*

1. Shern, David, Ph.D. "Survey Identifies Top Holiday Stressors, Who's Most Stressed.": *Mental Health America.* Mental Health America, 7 Dec. 2006. Web. 12 June 2013. http://www.mentalhealthamerica.net/index.cfm?objectid=0F7D2087-1372-4D20-C8469F6166842DE3.

2. Murphy, Jeffrey, and Charles Dettman. *The Solution for Marriages: Mentoring a New Generation.* Jupiter, FL,: Today's Promise, 2011.

Capítulo 12: Alegrías y tristezas

1. Young, William P. *The Shack: Reflections for Every Day of the Year.* Newbury Park, CA: Windblown Media, 2012.

2. Wilson, Scott. "Word." *Sermons.HillsongKonstanz.* Hillsong Germany, 27 Mar. 2011. Web. 12 Sept. 2013. http://sermons.hillsongkonstanz.de/11_03_27_SW-am.mp3.

3. Knaack, Kerstin. "Wellness Wednesday: Why Hide? My Journey of Hope, Faith and Overcoming." *SheLoves Magazine.* SheLovesMagazine.com, 15 Feb. 2012. Web. 12 Sept. 2013. http://shelovesmagazine.com/2012/wellness-wednesday-why-hide-my-journey-of-hope-faith-and-overcoming/.

Capítulo 13: La intimidad en el matrimonio - *Disfrute del vuelo - ¡A la manera de Dios!*

1. *Sex, A Study of the Good Bits of Song of Solomon*. By Mark Driscoll. Edinburgh, Scotland. Presentation.

2. Gordon, Jim & Carrie, and Josh & Sarah Gordon. "The Intimate Couple - Igniting Passion in the Marriage of Your Dreams!" *The Intimate Couple, Igniting Passion in the Marriage of Your Dreams!* http://www.the-intimate-couple.com/, 2007. Web. 18 Sept. 2013. http://www.the-intimate-couple.com.

Capítulo 14: Las diferencias culturales - *Cuidado con lo que el radar encuentra*

1. In this chapter, "cultural" is broadly used to include race, religion, country of origin, etc.

2. Pew Forum on Religion & Public Life, Pew Research Center, and Pew Forum Web Publishing and Communications. "Summary of Key Findings." *Statistics on Religion in America Report*. Pew Research Center's Religion & Public Life Project, Feb. 2008. Web. 14 Nov. 2013. http://religions.pewforum.org/reports/.

3. Kreider, Rose M. "A Look at Interracial and Interethnic Married Couple Households in the U.S. in 2010." *A Look at Interracial and Interethnic Married Couple Households in the U.S. in 2010*. U.S. Census Bureau, 26 Apr. 2012. Web. 14 Nov. 2013. http://blogs.census.gov/2012/04/26/a-look-at-interracial-and-interethnic-married-couple-households-in-the-u-s-in-2010/.

4. Chen, J., & Takeuchi, D. T. (2011). Intermarriage, ethnic identity, and perceived social standing among Asian women in the United States. *Journal of Marriage and Family, 73,* 876–888.

5. McCarthy, K. (2007). Pluralist family values: Domestic strategies for living with religious difference. *The Annals of*

the American Academy of Political and Social Science, 612, 188–208.

6. Kalmijn, M., & Van Tubergen, F. (2010). A comparative perspective on intermarriage: Explaining differences among national-origin groups in the United States. *Demography, 47*(2), 459–479.

7. Quin, Z., & Lichter, D. (2011). Changing patterns of inter-racial marriage in a multiracial society. *Journal of Marriage and Family, 73,* 1065–1084.

8. See note 4 above.

9. Seshadri, G., and Knudson-Martin, C. (2012). How couples manage interracial and intercultural differences: Implications for clinical practice. *Journal of Marital and Family Therapy.* Doi: 10.1111/j.1752-0606.2011.00262.x

10. Bustamante, R. M., Nelson, J. A., Henricksen Jr., R. C., & Monakes, S. (2011). Intercultural couples: Coping with culture-related stressors. *The Family Journal: Counseling and Therapy for Couples and Families, 19*(2), 154–164.

11. Heaton, T. B. (2002). Factors contributing to increasing marital stability in the United States. *Journal of Family Issues, 23,* 392–409

12. Bratter, J. L., & Eschbach, K. (2006). "What about the couple?" Interracial marriage and psychological distress. *Social Sciences Research, 35,* 1025–1047.

13. Bratter, J. L., & King, R. B. (2008). "But will it last?": Marital instability among interracial and same-race couples. *Family Relations, 57,* 160–171.

14. See note 12 above.

15. Zhang, Y., & Van Hook, J. (2009). Marital dissolution among interracial couples. *Journal of Marriage and Family, 71,* 95–107.

16. Inman, A. G., Altman, A., Kaduvettoor-Davidson, A., Carr,

A., & Walker, J. A. (2011). Cultural intersections: A qualitative inquiry into the experience of Asian Indian-White interracial couples. *Family Process, 50*(2), 248–266.

17. Burleigh, Nina. "5 Best Things to Do for Your Relationship - Oprah.com." *Oprah.com.* The Oprah Magazine, May 2005. Web. 14 Nov. 2013. http://www.oprah.com/relationships/5-Best-Things-to-Do-for-Your-Relationship - ixzz2kSToRf00.

18. Baldwin, John R. "Communication 372 – Theory and Research in Intercultural Communication." *Communication in Intercultural Relationships.* Illinois State University - School of Communication, 6 June 2011. Web. 14 Nov. 2013. http://my.ilstu.edu/~jrbaldw/372/ICRelationships.htm.

Capítulo 15: Segundas nupcias - *El segundo vuelo, pero no juntos*

1. Hawkins, Alan J., Ph.D., and Tamara A. Fackrell, J.D. "Lesson 3 - How Common Is Divorce and What Are the Reasons?" *Lesson 3 - How Common Is Divorce and What Are the Reasons?* Utah State University, Oct. 2009. Web. 14 Nov. 2013. http://divorce.usu.edu/htm/lesson-3.

2. Popenoe, D., & Whitehead, B. D. (2007). The state of our unions 2007: The social health of marriage in America. Piscataway, NJ: The National Marriage Project. (See pp. 18–19.)

3. Bramlett, M. D., & Mosher, W. D. (2002). Cohabitation, marriage, divorce, and remarriage in the United States. Vital and Health Statistics, 23(22). Hyattsville, MD: National Center for Health Statistics.

4. Peter J. Larsen, Ph.D., and David H. Olsen, Ph.D., Popadic, Tim, MFT, *Couple Checkup & Date Nights @ Chick-fil-A.* A Community Based Marriage Enrichment Campaign. Roseville, MN: Life Innovations, 2011. *Couple Checkup & Date Nights @ Chick-fil-A.* Chick-fil-A, Couple Check-up, Marriage Alive, 1 June 2011. Web. 14 Nov. 2013.

5. Deal, Ron L. *Smart Stepfamily, The: Seven Steps to a Healthy Family*. Reprinted ed. Minneapolis, MN: Bethany House, 2006.

6. Einstein, Elizabeth. *The Stepfamily: Living, Loving, and Learning*. New York: Macmillan, 1988.

7. "Building Strong Stepfamilies." *Building Strong Stepfamilies*. First Things First, Oct. 2013. Web. 11 Nov. 2013. http://firstthings.org/building-strong-stepfamilies

Acerca de los Autores

Mae y Chuck se conocieron durante el séptimo grado de la escuela secundaria, y se casaron en 1969, justo antes de la gira a Vietnam de Chuck.

Cuando comenzaron a liderar en sus estudios bíblicos, vieron cómo su relación centrada en Cristo era "diferente" a las demás. Aunque lejos de tener un "perfecto" matrimonio, su compromiso con Cristo demostraba una paz y felicidad que intrigó a otras parejas. Esto se convirtió en una oportunidad de guiar a otras parejas para enseñarles a trabajar en su relación y hacer crecer su amor, y por Cristo, cada día.

Chuck y Mae tienen dos hijos adultos: Glynn y Barbara y siete nietos.

Chuck es Director Ejecutivo y Fundador de Today's Promise, Inc. Chuck es ministro ordenado con más de 12 años de experiencia, como consejero para parejas y superación profesional. Chuck es conocido como mentor de matrimonios de primer nivel, experto en relaciones, presupuestos familiares y mentor de carreras en todo el país, fue reconocido por el New York Times, CBS Evening News, y la Escuela de Negocios de Harvard, entre otros. Tiene una licenciatura en Administración de Empresas y Finanzas de la Universidad de Barry, donde se graduó con honores. También fue empleado por el Subsecretario del Tesoro de EEUU en los bancos locales como oficial de préstamos, vicepresidente, y auditor que le proporcionó una experiencia sin precedentes de la industria financiera.

Posee varias certificaciones, entre ellos el Certificado de Enseñanza del Estado de Florida como terapeuta ocupacional para la Educación Secundaria y un certificado de Conceptos Financieros Crown como entrenador y consejero. Chuck posee la certificación como mentor/consejero de matrimonios y como director de seminarios otorgado por la organización PREPARE/ENRICH, el cual proporciona formación a clérigos, consejeros profesionales, y mentores de parejas. También sirve en el quinceavo Circuito Judicial como proveedor registrado de educación matrimonial para parejas que califican para la licencia de matrimonio. Es también instructor principal de SMART START, un curso de formación prematrimonial que enseña a parejas de novios. Es instructor del programa PICK, también conocido como *"Cómo evitar casarse con un insensato"*, una clase que instruye a personas solteras para que se preparen para futuras relaciones de compromiso.

Chuck es co-autor del libro *La Solución para los Matrimonios* el cual provee consejos dedicados a mentores/consejeros matrimoniales para tener éxito en ayudar a parejas a construir las bases para matrimonios exitosos y satisfactorios.

Ahora, *El matrimonio es un viaje, un plan de vuelo saludable para tu matrimonio*, proporciona el plan para los matrimonios cuando se enfrentan a la turbulencia. Contiene sabias referencias, basadas en la fe, y utilizadas por los autores en sus 45 años de matrimonio.

Conéctese con nosotros:

Web: http://todayspromise.org/

Web: http://themarriage-journey.com/

Facebook: http://www.facebook.com/todays.promise

Fcebook: http://www.facebook.com/marriage.journey

Twitter: http://twitter.com/MarriageJurney @MarriageJurney.

Twitter: http://twitter.com/PromiseToday @PromiseToday

www.ingramcontent.com/pod-product-compliance
Lightning Source LLC
LaVergne TN
LVHW041214080426
835508LV00011B/955